Das Experiment von Wörgl
Ein Weg aus der Wirtschaftskrise

Fritz Schwarz

Das Experiment von Wörgl

Ein Weg aus der Wirtschaftskrise

Synergia

2. Auflage 2024
der Neuauflage 2021
Veröffentlicht im Synergia Verlag, Alle, JU/ CH,
eine Marke der Sentovision GmbH
www.synergia-verlag.ch

Alle Rechte vorbehalten
Copyright 2006 by Synergia Verlag
Mit freundlicher Genehmigung von Ruth Binde-Schwarz und Hans Schwarz
Erstauflage 1951 bei der Verlagsgenossenschaft Freies Volk, Bern

Gestaltung und Satz: FontFront.com, Roßdorf
Printed in EU
ISBN-13: 978-3-9810894-5-5

Bibliografische Information der Deutschen Bibliothek
Die Deutsche Bibliothek verzeichnet diese Publikation in der deutschen Nationalbibliographie;
detaillierte bibliografische Daten sind im Internet unter http://dnb.ddb.de abrufbar.

DER STADT WÖRGL

der Familie des Bürgermeisters Michael Unterguggenberger, allen künftigen Bürgermeistern oder Bürgermeisterinnen und allen Bürgerinnen und Bürgern der Stadt Wörgl, die sich für das Gemeinwohl verantwortlich zeigen

GEWIDMET

vom II. Kongreß der Internationalen Freiwirtschaftlichen Union
in
Wörgl, Pfingsten 1951

Inhalt

Ein Weg aus der Wirtschaftskrise mit Hilfe von Regionalgeld?
Vorwort der Herausgeber im Winter 2020 /2021 — 8

Der Freigeldversuch in Wörgl, 1932/33 — 13

Wie man das Geld vor dem Gehamstertwerden schützen kann — 17

Winston Churchill über den Ausgangspunkt — 24

Michael Unterguggenberger, Bürgermeister in Wörgl — 29

Michael Unterguggenberger Sozialdemokrat — 32

Michael Unterguggenberger erlebt als Bürgermeister
von Wörgl die Weltwirtschaftskrise von 1929 — 35

Wie die Krise 1929 gemacht wurde — 36

Unterguggenbergers Wörgl in der Weltwirtschaftskrise — 41

Die Geldausgabe in Wörgl — 51

Die „Deckung" des Wörgler Geldes — 61

Die Geldreform von Wörgl: Wie sie das Volk beurteilt	63
Ausbeutung und Übertreibung des Experiments von Wörgl in den Vereinigten Staaten	74
Die Ausbreitung des Freigeldes in Österreich	76
Die Österreichische Nationalbank geht gegen Wörgl vor	77
Die Wissenschaft zum Wörgler Experiment	80
Das Ende – und ein Anfang	87
Über den Autor Fritz Schwarz	90
Die Initiative für neue Wirtschaftsordnung (INWO)	92
Adressen	95

Ein Weg aus der Wirtschaftskrise mit Hilfe von Regionalgeld?

Winter 2020 / 2021

Die Welt befindet sich tief in der Krise. Es ist sowohl eine politische als auch, eine wirtschaftliche Krise, ausgelöst durch ein Gesundheits-Thema: die Corona-Pandemie hat Regierungen weltweit dazu veranlasst, durch Beschränkungen des „normalen Lebens" mit undemokratischen Mitteln Wirtschaftskrisen auszulösen.

Heute, in den 20er Jahren des 21 Jahrhunderts, sind Ursachen und Auswirkungen anders als in den 20er jahren des 19. Jahrhunderts. Dennoch ergeben sich einige Parallelen. Darüber mag sich bei Interesse einjede*r selbst ein Bild machen - die Geschichtsschreibung ist umfangreich. Unser Fokus liegt auf Lösungs-Ansätzen, die das Leben der Menschen verbessern. Das Experiment von Wörgl bietet Inspiration und Wegleitung, um zumindest regional, krisenunabhängig wirtschaften zu können. Die Idee eines umlaufgesicherten, regionalen Schwundgeldes ist heute wie damals geeignet um entstehende Not und Arbeitslosigkeit zu verhindern und zu beseitigen. Heute ist es nicht im wesentlichen die Umlaufgeschwindigkeit des Geldes, die zu den Problemen führt und in deren Beeinflussung die Lösung zu suchen ist. Vielmehr ist es die Gefahr der (Hyper-)Inflation, durch unbändige Gelddruck-Wut der Zentralbanken hervorgerufen. Die im Freigeld liegenden Ansätze die uns heute helfen können, beruhen vor allem auf der Verfügbarkeit von Geld-Mitteln für Handel, Gewerbe und Kunden.

Was ist eigentlich Geld? Welchen Wert stellt es dar? Geld ist ein Äquivalent für den Anspruch auf eine Ware oder Leistung. Hat man Geld, so „schuldet" einem die Gesellschaft eine beliebige Ware oder Leistung, die auf dem Markt angeboten wird. Die Summe des Geldes steht so z.B. für die Menge der Ware, die man dafür erwerben kann. Es ist ein gemeinsamer Glaube der Menschen die das Geld nutzen, dass es den entsprechenden Gegenwert darstellt. Solcher Glaube hält die Marktwirtschaft zusammen, bestimmt die Preise und kann sich eben auch verändern. Der dargestellte Wert kann mehr oder weniger glaubwürdig sein, und der Mensch kann seinen Glauben daran auch völlig verlieren. Dies hat man in der Geschichte schon in vielen Ländern gesehen, mit den Folgen von Wirtschaftskrise, Inflation, Hyper-Inflation, Unruhen. Geld als Äquivalent für Ware müsste seinen Wert schon an sich verlieren - so wie beispielsweise Kartoffeln und Äpfel, über die Wintermonate gelagert, an Qualität einbüßen, teils verfaulen. Es gibt in den Äquivalenten keine Beständigkeit. In der heutigen Geld-Beschaffenheit jedoch wird Beständigkeit in einem Maße suggeriert, die jede Bodenhaftung im Verhältnis zu den Realwerten verloren hat.

In der aktuellen Krise droht der Glaube an den Wert des (heute üblichen) Geldes gänzlich verloren zu gehen. In den Äquivalenten gibt es im Verhältnis zu den auf der Welt dafür zu erwerbenden Gütern und Leistungen zu viel davon im Umlauf. Das heutige Geldsystem mit dem virtuellen „Giralgeld" auf den Konten und der aufgeblähten Kreditwirtschaft, ist sehr abstrakt und fördert die Umverteilung der Mittel von den Leistungs-Erbringern (den Fleißigen) zu den Reichen (Kapital-/Kreditgeber), die einen Zuwachs ihrer Möglichkeiten systembedingt blos aus ihrem Besitz heraus erlangen.

Die Bestrebungen sind dahin gehend orientiert, dass die Gesellschaften sich entkoppeln und beliebige Geldmengen nur noch virtuell existent erschaffen (und zerstört) werden können. Es droht (unter dem Deckmantel der Pandemie-Bekämpfung und Hygiene) auch die Abschaffung des Bargeldes. Dies hätte weitere fatale Folgen, da ganz ohne physische Geldmenge die „Möglichkeiten" der Geldschöpfer (heute längst schon nicht mehr nur die Nationalbanken, sondern v.a. die Privatbanken durch Kreditvergaben) völlig unkontrolliert erweitert.

Der Wörgeler Freigeld-Versuch (1932/33) hat gezeigt, dass mit rasch umlaufendem und regionalem Geld die lokale Wirtschaft - der Austausch der Arbeit und Waren unter den Menschen viel besser funktioniert, als mit „herkömmlichem" Geld. Die Nähe schafft Vertrauen. Man kennt sich. Man weiß, ob der andere liefern kann. Damals wurde der Versuch nach rund eineinhalb Jahren vom Staat beendet, da ein Verstoß gegen das Geldmonopol der Notenbank konstruiert wurde.

Heutzutage haben derartige Projekte wohl bessere Chancen. Weltweit gibt es vielfältige regionale und nationale „parallel-Währungen". In der Schweiz sind es v.a. die Reka-Schecks und der WIR, in Deutschland ist die wohl bekannteste der „Chiemgauer", der rund um den Chiemsee verwendet wird. Es gibt auch vielfältige „Taler" und „Talente", so dass heute bereits sog. „Clearingstellen" zum Umtausch regionaler Währungen in Betrieb sind. Regionale Währungen, seien sie umlaufgesichertes Schwundgeld, oder blos regionales Tauschmittel, können (auch in der Krise) helfen, dass das Vertrauen in ein Geld bestehen bleibt. Auf diesem Vertrauen beruht der Austausch zwischen den Menschen. Dieses Vertrauen ist letztendlich entscheidend für Funktion oder Dysfunktion von Gesellschaften.

Die Krise, in der wir gerade stecken, wird uns einiges an Kreativität und Kooperation abverlangen, wenn wir sie friedlich und möglichst unbeschadet überstehen wollen. Wir hoffen, dass die Menschen die Kooperation miteinander pflegen werden - Kooperation bringt die Menschheitsfamilie besser weiter als Konkurrenz. Dieses Buch kann vielleicht Anregungen bieten, wie die Menschen sich selbst organisieren können, um den Austausch von Waren und Leistungen ungehindert stattfinden lassen zu können.

Zum besseren Verständnis von Geld und Geld-Benutzung empfehlen wir weiterhin das Buch „Das nächste Geld" und die Broschüre „Geld verstehen" von Christoph Pfluger.

Die Herausgeber

Der Freigeldversuch in Wörgl, 1932/33

Was ist *Freigeld?* – Freigeld ist ein Bargeld, das nie ohne Risiko oder Schaden gehamstert, thesauriert werden kann und stets in einer Menge in Umlauf erhalten wird, die dem Warenangebot entspricht, so daß seine Kaufkraft fest bleiben muß.

Im Gegensatz zum heutigen Geld, dem *Dauergeld*, kann es also nie von Privaten ohne Risiko oder Schaden dem Umlauf entzogen und später nach Belieben wieder in den Umlauf zurückgegeben werden. Da dies mit dem heutigen, dem Dauergeld, immer möglich ist, so ist es heute praktisch ausgeschlossen, „den *Geldumlauf* zu regeln", wenigstens nie für längere Zeit, wie das den Notenbanken in den Gesetzen vorgeschrieben wird – in der Schweiz sogar auch noch in der Verfassung – da diese privaten Hamstertaschen im währungspolitischen Hinterland wie private Geldausgabestellen, wie Emissionsbanken wirken. Mit dem nicht hamsterbaren Freigeld dagegen kann der Notenumlauf geregelt und die Anpassung des Geldumlaufes an das Warenangebot so genau bemessen werden, daß der Warenpreisstand, und damit die Kaufkraft des Geldes, vollständig fest bleibt. Das ist dann wirklich eine *Währung!* Eine solche Währung hatte die Schweiz das ganze Jahr 1928 und noch je ein Vierteljahr des Jahres vor- und des Jahres nachher – zusammen also anderthalb Jahre.

Mit dem heutigen Gelde dagegen kann der Geldumlauf oft nur dadurch aufrechterhalten werden, daß man große Mengen Bargeld neu in Umlauf gibt. Später fließen diese nie ganz zurück, sondern sie bleiben zum Teil im Umlauf. Daher entstand seit 1914 die fast andauernde Geldentwertung. So hatte der Dollar 1950 nur noch ungefähr 40 Prozent seiner Kaufkraft vom Jahre 1914.

Freigeld, also Geld, das nicht hamsterbar ist und eine feste Kaufkraft hat, ist trotz der letztgenannten Eigenschaft kein Hamstergut, sondern ein reines Tauschmittel. So erfüllt es endlich die Anforderung, die schon Aristoteles (384-322 vor Chr.) mit Recht an ein gutes Geld gestellt hat: daß es stets und ohne Unterbruch weiter gegeben werde, da seine Aufgabe der *Umlauf* sei.

Die *Kirche* hat schon im frühen Mittelalter, wie man aus einer Verordnung aus dem Jahre 1301 weiß (siehe Glossarium der mittelalterlichen Sprache von *Du Cange*, Artikel „pecunia"), das Geld dieser Aufgabe zuzuführen versucht, indem sie die Exkommunikation, die schwerste aller Kirchenstrafen über die Geldhamsterer verhängte. „Excommunicamus... omnes illos, qui jacentem seu dormlentem pecuniam penes se habent": „Wir schließen alle jene aus der Kirche aus, die das Geld untätig; oder schlafend bei sich liegen haben."

Im 12. Jahrhundert hat *Erzbischof Wichmann von Magdeburg* mit der *Verrufung* des Geldes begonnen und sie in Abständen von wenigen Jahren immer neu wiederholen lassen. Dabei behielt er jeweiligen 25 Prozent des zum Umtausch vorgelegten Geldes zurück – als Schlagschatz, wie man das nannte, also als Entschädigung für das Neuprägen („Schlagen") der Münzen. Ob das als eine Steuermaßnahme, ob es als Belebung des Geldumlaufes und ein Mittel gegen das Geldhamstern gedacht war, ist heute wohl kaum mehr zuverlässig festzustellen. (Siehe darüber ausführlich in „Vorwärts zur festen Kaufkraft des Geldes und zur zinsbefreiten Wirtschaft", Abschnitt: „Die Brakteaten, das Freigeld des Mittelalters", von Fritz *Schwarz*, Bern, 1931.) Jedenfalls aber haben diese Geldverrufungen damals Wunder gewirkt – „ein wahrer Völkerfrühling brach an", schreibt *Damaschke*, und R. H. *Francé* bezeichnet die damit erreichte Kultur besonders in den Kleinstädten als einen Gipfelpunkt der kulturellen Entwicklung Europas; es war die Zeit der Frühgotik.

Diese Verrufungen wurden später ins Maßlose übertrieben. Durch den Münzwirrwarr verärgert, verlangte das Volk allenthalben den „ewigen Pfennig". Nur wenige Einsichtige merkten, was damit angestellt würde. Das Dauergeld, der „ewige Pfennig" wurde tatsächlich sofort wieder zum

Preisdrücken, zum Lohndrücken und zum Zinserpressen mißbraucht. Martin *Luther*, der diese Entwicklung in der Schlußphase noch erlebte, schrieb 1543, daß, wenn das mit dem Zinserpressen noch hundert Jahre so weiterginge, sich die Deutschen noch „gegenseitig auffressen würden". Hundert Jahre später stand Deutschland tatsächlich mitten im Dreißigjährigen Kriege.

Friedrich *Engels* führt in seiner Schrift aus dem Jahre 1878 „Herrn Eugen Dührings Umwälzung der Wissenschaft" (Moskau 1946, S. 371 u. f.), den Ursprung des Zinses ebenfalls auf das heute gebrauchte Dauergeld zurück. Er widerlegte damit Karl *Marx*, seinen Freund und Mitarbeiter – soweit dieser nicht zufällig, wie das in seinen widerspruchsvollen Schriften mehrmals der Fall ist, den Zins ebenfalls als eine Folge des Geldes und des Geldsystems von heute darstellt. Dies tat er, im Gegensatz zu seiner sonst von ihm vertretenen Arbeitswerttheorie, die seine Schüler heute noch durch den Verstaatlichungssozialismus und den Kommunismus zu verwirklichen suchen, trotzdem sie diese Theorie selbst nicht kennen und ihr immer neu widersprechen.

Das Freigeld kann nicht streiken, wenn einmal jene „untere Grenze erreicht ist, bei deren Nichtbeachtung sich der Sparer am Anleihegeschäft desinteressiert", wie Dr. W. *Egger* am 7. 10. 1932 im „Bund" (Bern) schrieb. Diese Grenze, um drei Prozent herum, wird unterschritten, wenn Freigeld angewendet wird, wir erobern uns so „die Welt unter drei Prozent". Das will besagen, daß wir dem Anlagekapital nicht mehr drei Prozent zu versprechen brauchen, wenn eine Arbeit finanziert werden muß, sondern daß das Geld auch darunter zu bekommen ist – je nach dem Kapitalreichtum eines Landes. Die Arbeiten brauchen also nicht mehr „rentabel", d. h. zinstragend zu sein, sondern nur noch „lohnend", d. h. sie müssen dem Unternehmer und dem Arbeiter ihren Arbeitsertrag sichern. Was das bedeutet, das kann man sich gar nicht so leicht vorstellen. Es bedeutet vor allem, daß sich das Einkommen aller Arbeitenden in Ländern, die heute noch einen Zinsfuß von fünf oder mehr Prozent haben, verdoppeln werden, wenn der Zinsfuß durch neues Kapital auf null Prozent herunterkonkurrenziert wird. Der Wohlstand wird überall eine ebenso verbreitete Erscheinung werden, wie es bei den heute infolge der

Zinslasten um die Hälfte oder um einen Viertel verminderten Löhne der stete Geldmangel aller Arbeitenden ist. Ein Paradies wird es auf Erden deswegen nicht geben. Aber man stelle sich einmal vor, daß die Arbeitslosigkeit für immer verschwindet, daß Vollbeschäftigung herrscht, daß sich die Arbeitseinkommen verdoppeln – bei gleichbleibenden Preisen! – wie sie es heute in den meisten Staaten sind – dann bekommt man ungefähr einen Begriff davon, was das Freigeld mit dem Sinken des Zinsfußes bringen wird. Die Reichen würden ihren Reichtum gesichert behalten; sie müßten sich aber auf Arbeit umstellen, soweit sie das noch nicht getan haben. Denn sie könnten nicht mehr aus ihren Zinseinkommen leben, d. h. auf Kosten anderer, sondern nur noch aus dem Ertrag ihrer eigenen Arbeit. Das würde ihre Stellung in der heutigen Welt gewaltig verbessern, denn, sagt Gottfried Keller: „Nur der Gewinn aus Arbeit ist völlig vorwurfsfrei und dem Gewissen entsprechend." Mit Recht schrieb der bekannte Berner Staatsrechtslehrer Karl *Hilty* schon 1887: „Nicht das Kapital ist der Feind des Armen. Der Feind ist die Gesinnung des Kapitalisierens, die Lebensanschauung einer großen Klasse, welche darin die wirkliche Lebensaufgabe erblickt, zuerst für sich, dann für ihre Kinder, zuletzt für ihre Enkel, am Ende gar für eine Familie im weitesten Sinne auf ewige Zeiten hinaus rücksichtslos Vorräte aufzuspeichern. Bei dieser notwendigerweise nimmersatten Gesinnung kann der eine Teil des Volkes nicht bestehen, indem diese Klasse die vorhandenen Güter für kommende Generationen in Beschlag nimmt, die doch naturgemäß in erster Linie für den Unterhalt der gegenwärtigen bestimmt sind. Hier liegt der Fehler der sogenannten oberen Klasse, daß sie diese hartmachende Gesinnung, die auch durchaus nicht mit ihren religiösen Ansichten harmoniert, festhält und sich nicht freiwillig mit einem mäßigen Wohlergehen begnügen will. Damit würde der Sozialismus bald von selbst aufhören." *Hilty* hat völlig recht: der Sozialismus würde aufhören *müssen*, da mit der Beseitigung des arbeitslosen Einkommens, d. h. mit dem Aufhören der Zins- und Grundrentenansprüche die kapitalistische Ausbeutung; beseitigt wäre, weil diese „kapitalistische Ausbeutung" ja auch nach Marx letzten Endes aus Zinsen, Grundrente und Währungsschwankungsgewinnen besteht.

Aber um das zu erreichen, muß man den *Streik des Geldes* brechen! Diesem Zwecke dient das Freigeld unfreiwilligerweise! Indem es ständig umläuft und in einer Menge zirkuliert, die den Preisstand, die feste Kaufkraft vor Inflationen wie vor Deflationen sichert, werden alle Ersparnisse, es wird der Wohlstand, ja der Reichtum gesichert; der allgemeine Wohlstand wächst, und indem dieser steigt, drückt er auf den Zinsfuß und verunmöglicht sich selbst mit seiner steten Zunahme das Erheben eines hohen Zinsfußes. So sinkt der Zinsfuß, zum mindesten in sicheren Anlagen, bis auf Null – in den andern bis auf eine Risikoprämie von kaum einem Prozent.

Die Frage der Regelung des Geldumlaufes fällt damit zusammen mit der Frage

Wie man das Geld vor dem Gehamstertwerden schützen kann

Die Sicherung des Geldumlaufes gegen das Geldhamstern wird aus drei Gründen nötig: erstens, um den Anforderungen der Gesetze, die eine Regelung des *Geldumlaufes* verlangen, zu genügen, zweitens deshalb, weil ohne diese Regelung weder Inflationen noch Deflationen sicher vermieden werden können und drittens, weil bei tiefem Zinsfuß das Geld streikt, zurückgehalten wird – und damit eine Deflation und eine Krise auslöst – sofern die Notenbank es nicht vorzieht, das Dauergeld durch eine Inflation hervorzujagen.

In der Währungskonferenz 1923, die unter dem Vorsitz von Bundesrat *Musy* in Bern stattfand, sagte der damalige Präsident der schweizerischen Bankiervereinigung Leopold *Dubois:* „Um die Krise zu beheben, braucht man nur mehr Noten in den Verkehr zu geben – aber dann gibt es eine Inflation." *Beides* stimmt. Beides *braucht* aber nicht zu stimmen, sobald man die Krise nicht mit mehr Noten behebt, sondern mit der Androhung einer Verrufung des Geldes, nach dem Vorgehen von Erzbischof Wichmann im 12. Jahrhundert.

Daß man unter diesem Geldstreik schwer gelitten hat und noch immer schwer leidet, dafür haben wir viele und ganz gewichtige Zeugen.

So klagte 1934 der französische Finanzminister *Bonnet* in der Kammer: „Die Geldhamsterung ist die Ursache unserer heutigen Wirtschaftsnot. "

Bundesrat *Schultheß* rief seinen Freisinnigen am 15. November 1931 am Parteitag in Aarau zu: „Nach meiner Schätzung sind heute 700-800 Millionen in Noten von Privaten thesauriert. Sorgen Sie in Ihren Kreisen dafür, daß dieses Geld in Zirkulation gesetzt wird. *Wer Geld thesauriert, begeht ein Verbrechen am Vertrauen des Volkes!*"

An diesem Tage betrug der Notenstand in der Schweiz genau 1431 Millionen – es liefen also demnach nur 600-700 Millionen Noten um, während 700-800 Millionen gehamstert waren!

Am 2. März 1936 stellte der „Zürcher Tagesanzeiger" fest, daß nach Mitteilungen der Schweizerischen Kommission für Konjunkturforschung im Jahr 1935 im Durchschnitt ungefähr 500 Millionen Franken in Noten und 500 Millionen Franken in Gold gehamstert gewesen seien. Dann hieß es weiter, die neueren Ansichten über Sinn und Zweck des Geldhamsterns bestätigend: „Ein Wiedererscheinen auch nur eines Teiles dieser Summen auf dem Kapitalmarkt würde eine fühlbare Erleichterung der dem Produzenten auferlegten Zinslasten bedeuten."

Es fragte sich sogar die sozialistische „Berner Tagwacht" (Februar 1936): „Wie wäre es mit einer besondern Steuerabgabe von je 1000 Franken thesauriertem (gehamstertem) Geld?"

Auch die katholisch-konservativen „Neuen Zürcher Nachrichten" blieben nicht hinter dem sozialistischen Berner Blatt zurück: „Wenn diese Handlung (gemeint ist das Horten) nicht nur von einzelnen Sonderlingen ausgeführt, sondern zur häufigen Erscheinung wird, kann unser Wirtschaftsleben, das nun einmal auf dem Kreditwesen gründet, aufs schwerste gefährdet werden. Allenthalben zeigt sich dann eine Geldverknappung, die Zinsen steigen. Im direkten Zusammenhang mit dieser Geldverknappung sinken dann gewöhnlich auch die Warenpreise in einer ungesunden und wirtschaftlich nicht tragbaren Art. Kurz, das in die Matratze flüchtende Geld wirkt krisenverschärfend."

Ein Mitglied des Bankrates der Schweizerischen Nationalbank, der Ehrenpräsident des Schweiz. Gewerbeverbandes, Nationalrat Dr. Hans *Tschumi* schrieb, und sein Artikel ging durch die ganze gewerbliche Presse: „Thesaurierung ist das *unsinnigste*, was es überhaupt geben kann. Geld ist das wirtschaftlich treibende Element. Thesauriertes Geld ist für die Wirtschaft, der es dienen sollte, absolut verloren. Würde alles Geld thesauriert, so stände das Wirtschaftsleben beinahe still. Nur umlaufendes Geld ist lebendig und wirtschaftlich fruchtbar, thesauriertes ist tot und leistet weder seinem Besitzer noch der Allgemeinheit einen Dienst."

Er hatte in seiner Verurteilung des Geldhamsterns einen Kollegen, der sogar im Bankausschuß der Schweizerischen Nationalbank saß: Prof. Dr. Ernst *Laur*. Dieser schrieb in der „Schweiz. Bauernzeitung" im August 1914 in zentimeterhohen Buchstaben:

„*Heraus mit dem zurückgehaltenen Gelde!* Es ist unmöglich, die Auszahlungen für Käse, Milch, Getreide, Fleisch usw. zu machen, wenn die Banken kein Geld erhalten. Wenn der Bauer die Einnahmen, die er aus den verkauften Lebensmitteln hat, behält, keine Zinsen und Rechnungen bezahlt und das Geld zu Hause versteckt, statt daß er es auf die Bank trägt, *so kommen wir aus der Krise nicht heraus.* – Ich richte an die schweizerische Bauernsame die Aufforderung, dafür zu sorgen, daß das Geld, das bei ihnen liegt, aus den Kästen kommt. Zahlt damit eure Schulden und legt den Rest auf die Bank. *Wer das Geld zu Hause behält, schädigt sich selbst.* Niemand hat Geldreserven weniger nötig als der Bauer. Er hat für sich und die Familie zu essen und braucht doch zum Leben kein Bargeld. Wenn er etwas verkauft, erhält zuerst er bares Geld, insofern die andern Kreise Geld haben."

Es wäre unmöglich, alle Stimmen aus dem Ausland anzuführen, die sich gegen die Hamsterer aussprechen. Herbert *Hoover* sei erwähnt. Unter dem Titel: „Der gehamsterte Dollar" schrieb der damalige Präsident der Vereinigten Staaten, der in der Krise und durch die Krise bald darauf seinen Sitz als Präsident verlor, im Herbst 1930 – ein Jahr nach dem Ausbruch der Krise vom Oktober 1929:

„Der gehamsterte Dollar, die Geldhamsterung überhaupt, das ist die große Gefahr für alle Staaten. Die Kampffront von heute ist *gegen die Goldhortung* gerichtet, die vor etwa einem Jahre begann und mit ihrer wachsenden Intensität *zu einer nationalen Gefahr* wurde. Diese Bewegung wurzelt in der Furcht und in Auffassungen, die heute nicht mehr stichhaltig sind. Sie hat ganz ungeheuren Umfang angenommen und in hohem Maße dazu beigetragen, daß die Krediterleichterungen eingeschränkt, und so direkt die Steigerung der Arbeitslosigkeit und das Sinken der Warenpreise in der Landwirtschaft befördert wurden. Der einzelne Amerikaner hat sicherlich nicht bedacht, welchen Schaden er stiftet, wenn er selbst nur einen Dollar hamstert und aus der Zirkulation nimmt. Er hat gewiß nicht erfaßt, daß dieser gehamsterte Dollar die Bank zwingt, ihrerseits für einige Zeit den gleichen Kreditbetrag aus dem wirtschaftlichen Leben zu ziehen. Zu diesem aber gehören die Kaufleute, die Fabrikanten und die Farmer. Um das Geld, das diese aufnehmen, werden Waren gekauft, Löhne bezahlt, die Kosten der Aufrechterhaltung der Geschäfte bestritten. *Jeder gehortete Dollar raubt dem Arbeitnehmer wenigstens einen Teil seiner Bezahlung.* (Im „Nebelspalter" hieß es: „Wer Geld einsperrt, sperrt Arbeiter aus." – D. V.) Multipliziert man dieses einfache Beispiel mit den *anderthalb Milliarden,* die derzeit in den Vereinigten Staaten gehortet und unproduktiv gemacht werden, dann kann man sich ein getreues Bild davon machen, wie dieser Feind unserer nationalen Sicherheit, wie das Geldhamstern sich auswirkt. Es droht, unseren ökonomischen Fortschritt zu ersticken, er verschärft die Arbeitslosigkeit und erschüttert die Stellung der Landwirtschaft.

Niemand kann bestreiten, daß für die amerikanische Wirtschaft – und dasselbe gilt für alle anderen bedrohten Länder eine große Erleichterung erreicht wäre, wenn die Riesensummen gehorteten Geldes wieder in Umlauf gebracht werden könnten." (Die letzten Sätze waren im Originalartikel fett gedruckt.)

Endlich sei hier noch eine Stimme angeführt, die sich 1939 hören ließ, als sich das Geld wiederum zum Teil verkroch, zu einem andern Teil aber hamsternd auf die Waren sich stürzte. Es ist die

Schweizerische Nationalbank

die folgenden Aufruf unter dem Titel „Heraus mit den zurückgehaltenen Banknoten!" in Zeitungen und sogar auf Kartonplakaten in allen Banken aufhängen ließ:

Der Krieg ist von unsern Landesgrenzen gewichen. Große Teile unserer Armee haben nach Hause entlassen werden können. Nun gilt es, wie der Bundesrat in seiner Kundgebung an das Schweizervolk eindrucksvoll dargelegt hat, die Wirtschaft des Landes im Gange zu erhalten, die Produktion zu fördern und den Bevölkerungskreisen, denen Verdienstlosigkeit droht, Arbeit zu verschaffen. Für die Durchführung dieser heute dringendsten, aber auch schwierigsten Aufgabe ist es wichtig, daß Bund, Kantonen, Gemeinden, aber auch der privaten Wirtschaft in ausreichendem Maße billiges Geld zur Verfügung steht.

Die hinter uns liegenden Zeiten haben Firmen und Private veranlaßt, Guthaben bei den Banken zurückzuziehen, um sich vorsorglicherweise mit Banknoten zu versehen. Mag auch in jenen Tagen die Eindeckung mit Zahlungsmitteln verständlich gewesen sein, so hatte dies doch Krediterschwerung und Zinssatzverteuerung zur Folge zum Nachteil sowohl der öffentlichen wie der privaten Wirtschaft.

Seither ist unverkennbar eine allgemeine Beruhigung eingetreten.

Es ist daher an der Zeit und zugleich vaterländische Pflicht, die Noten den Banken zurückzubringen oder in einheimischen Werten anzulegen und damit unserer öffentlichen und privaten Wirtschaft die Geldmittel zuzuführen, deren sie dringend bedarf.

Wer fortfährt, Noten im Banktresor und im Übermaß zu Hause zu verwahren, handelt gegen die Interessen der Allgemeinheit und leistet dem Lande einen schlechten Dienst.

Ein Versuch mit Freigeld lag 1932 in der Luft!

Wie man aus diesen Stimmen sieht, war damals ein Versuch mit einem nicht hamsterbaren Gelde gegeben.

Bürgermeister Michael *Unterguggenberger* in Wörgl hat mit aller Umsicht einen solchen Versuch unternommen. Er wählte dazu jenes Freigeld, dessen Form ihm für seine Verhältnisse am geeignetsten erschien, die Form, die 1916 der Berner Kaufmann Georg *Nordmann* dem Kaufmann Silvio *Gesell* vorgeschlagen hatte. Gesell, der immer der Meinung war, daß über die Art und Weise, wie man das Geld in ständiger Zirkulation erhalte, das letzte Wort nicht gesprochen sei, nahm den Vorschlag von Nordmann an und veröffentlichte ihn einstweilen in der eben erscheinenden, ersten Ausgabe seiner „Natürlichen Wirtschaftsordnung" an Stelle seines eigenen Vorschlages, den er schon 1891 in seiner ersten Schrift gemacht hatte. Denn über die *Technik* des Freigeldes sollte und müßte immer diskutiert werden, war seine Meinung, da technische Dinge stets verbessert werden können. Das Ziel dagegen: die feste Kaufkraft des Geldes, der ungestörte Geldumlauf, die *krisenfreie und ausbeutungsfreie Wirtschaft* – das sollte unverrückbar fest bleiben.

In Wörgl wurde nun gerade jene *Form* des Freigeldes gewählt, die Bundesrat Ernst *Nobs* im schweizerischen Radio am 13. April 1951 in einer Art und Weise geschildert hatte, die in einzelnen Punkten nicht einmal richtig und in anderen maßlos übertrieben war.

Das Experiment von Wörgl wäre die beste Widerlegung seiner Rede gewesen – wenn man ihm hätte antworten dürfen. Bundesrat Ernst Nobs unterließ es, den Schweizern zu sagen, daß in der Schweiz *diese* Form des Freigeldes schon seit dem Jahre 1945 nicht mehr propagiert wird, daß sie auch im freiwirtschaftlichen Vorschlag zur schweizerischen Gesetzgebung über das Geldwesen *nicht vorgesehen,* sondern eine ganz andere, und daß überhaupt nicht über den *Weg,* sondern über das *Ziel* der schweizerischen Notenpolitik abgestimmt werden müsse. Diesem Übermaß an Unrichtigkeiten, Verschiebungen und einseitiger „Aufklärung" war das Schweizervolk nicht gewachsen. Das Volk in Wörgl dagegen hatte einen Bürgermeister, der es gut mit ihm meinte, und es hatte eine Krise, so hörte es in dieser Lage auf seinen Bürgermeister und wagte das Freigeldexperiment von Wörgl.

Ein Vorschlag in Gesetzesform, mit dem gleichen Ziele: Krisenverhütung – die übrigens in Art. 31 quinquies der schweizerischen Bundesverfassung dem Bund als Aufgabe gestellt wird! – ist im Oktober 1948 von der Liberalsozialistischen Partei der *Schweiz* dem Bundesrat unterbreitet worden. Zur Verhinderung der Geldhamsterung und zur Sicherung eines ununterbrochenen Geldumlaufes sollte der Nationalbank grundsätzlich folgende Maßnahme gestattet werden:

„Art. 28: Die Nationalbank ist ermächtigt, wenn sie Noten oder Münzhortungen in einem Ausmaß feststellt, welches die feste Kaufkraft des Geldes gefährden könnte, die Noten oder Münzsorten, die gehamstert werden, oder sämtliche Noten oder Münzen ungültig zu erklären und sie zum Umtausch innert einer Frist von acht Tagen aufzurufen, wobei eine Umtauschgebühr von höchstens 10% des Nennwertes erhoben werden kann. – Der Bundesrat erläßt die nähern Vorschriften über Aufruf und Umtausch."

Diese Möglichkeit wäre zu den bisher schon bekannten Methoden der Geldverminderung oder Vermehrung hinzu gekommen; sie hatte ausschließlich die Beeinflussung des Notenumlaufes und die Verhinderung der Notenhamsterung zum Ziele.

Bei der Behandlung einer Initiative mit der Forderung einer festen Kaufkraft durch die Anpassung des Geldumlaufes an das Warenangebot wurde vom sozialdemokratischen Bundesrat Ernst *Nobs* diese Forderung im Radio mit der Wörgler Art des Freigeldes zusammen in einer Art und Weise verkoppelt, daß die Zuhörer glauben mußten, *beide* Methoden sollen *gleichzeitig* angewandt werden! Da darauf die Diskussion am Radio durch den Bundesrat sofort *gesperrt* wurde, konnten die Schweizer Stimmbürger nicht mehr über diese völlig irreführende Aufklärung unterrichtet werden und lehnten daher die Vorlage ab – unter dem Eindruck, der doppelte Schwund wäre doch des Guten zu viel! Diese Meinung war berechtigt; aber sie war durch eine bewußte und gewollte Irreführung des Volkes entstanden, die zu den schlimmsten Täuschungen gehören dürfte, die sich je ein Parteimann in einer Regierungsstellung einem Volke gegenüber erlaubt hat.

Winston Churchill über den Ausgangspunkt

Das Experiment von Wörgl lief darauf hinaus, die Lehren Silvio *Gesells* einmal praktisch anzuwenden und zu zeigen, daß Prof. Dr. Irving *Fisher* Recht gehabt hatte, als er sagte: „Freigeld, richtig angewendet, würde die Vereinigten Staaten in drei Wochen aus der Krise herausbringen".

Ober den ersten Freigeldversuch in Wörgl ist viel gesprochen und viel geschrieben worden. Es kann das nur verstehen, wer die damalige Situation selbst miterlebt hat und weiß, daß ohne die Krise von 1929 ab die Nazis niemals zur Herrschaft gelangt wären.

Die folgende Übersicht liefert dafür den untrüglichen Beweis; sie zeigt, daß von 1924 bis 1928, in den Jahren der verhältnismäßig guten Konjunktur, des annähernd festen und bewußt festgehaltenen Preisstandes, sich die Zahl der Nazis verminderte mit der Zahl der Arbeitslosen – daß sich aber in den vier Krisenjahren 1929 bis 1932 mit der Zahl der Arbeitslosen in dieser Deflationsperiode die Zahl der Nazistimmen stieg, bis der Sieg der Unvernunft vollständig werden konnte.

Nationalsozialisten in den Wahlen 1924/33

Zeit	Stimmen	Sitze	in %	Arbeitslose
4. 5. 24	1 918 000	32	6,6	340 711 [1]
7. 12. 24	908 000	14	3,0	282 645
4. 5. 28	810 000	12	2,6	268 443 [2]
14. 9. 30	6 407 000	107	18,3	1 061 570
31. 7. 32	13 779 000	230	37,3	5 392 248
6. 11. 32	11 737 000	169	33,1	5 355 428
5. 3. 33	17 265 800	288	43,7	5 598 855
12. 11. 33	39 655 200	661	92,1	3 746 000 [3]

[1] März 1924. [2] Mai 1928. [3] Arbeitslose in Lagern nicht inbegriffen – Naziherrschaft.

Winston *Churchill* schildert in seinen Memoiren den Übergang vom festen zum absinkenden Preisstand, von der guten Konjunktur in die Deflation und damit in die Krise von der politischen Seite her in glänzender Weise. Zunächst das, was heute noch gleich ist wie damals:

„Die breiten Massen hatten von den einfachsten wirtschaftlichen Tatsachen keine Ahnung, und die Parteiführer wagten mit Rücksicht auf ihre Wähler nicht, sie darüber aufzuklären. Die Presse besprach und unterstrich nach altem Brauch die vorherrschenden Ansichten." (Bd. 1, S. 22.)

Weiter schreibt Churchill:

„Nach der Unterzeichnung des Vertrages von Locarno (1926) saßen wir alle in bestem Einvernehmen und dachten, welch wunderbare Zukunft Europa erwarte… Am Ende von Baldwins zweiter Regierungszeit (1929) war die Lage in Europa so ruhig, wie sie es seit zwanzig Jahren nicht gewesen war und auch mindestens auf zwanzig Jahre hinaus nicht mehr sein sollte… Das neue Deutschland nahm seinen Sitz im Völkerbund ein … Seine neuen Ozeandampfer gewannen das Blaue Band des Atlantik, sein Außenhandel nahm einen plötzlichen Aufschwung und der Wohlstand im Innern entwickelte sich. Auch Frankreich und sein neues Bündnissystem schienen gesichert… Viele der hochgestellten Personen in Deutschland wiesen den Gedanken an einen Krieg heftig von sich …" (S. 52.)

Und nun kam das Unglücksjahr 1929 mit seinem „schwarzen Freitag", wo sich die Kündigung von 800 Millionen Darlehen an Makler an den amerikanischen Börsen wie eine Katastrophe auswirkte:

„Das Jahr 1929 verlief fast zu drei Vierteln mit der Verheißung und dem Anschein zunehmenden Wohlstandes, und zwar vor allem in den Vereinigten Staaten… Es wurden Bücher geschrieben, um zu beweisen, daß die Phase der Wirtschaftskrisen endlich durch die sich ausdehnende Geschäftsorganisation und Wissenschaft überwunden sei. „Der zyklische Wirtschaftsverlauf, wie wir ihn bisher gekannt haben, liegt offensichtlich hinter uns", sagte der Präsident der New-Yorker Börse im September." (S. 52.)

„Aber im Oktober fegte ein plötzlicher heftiger Sturm über die Wall Street. Die einflußreichen Stellen vermochten die Flut panikartiger Verkäufe nicht aufzuhalten. Eine Gruppe führender Banken gründete einen Fonds von einer Milliarde Dollar, um den Markt zu stützen und zu stabilisieren. Alles war vergeblich... Verwirrung und Lähmung ergriff die mächtigen Produktionsbetriebe... Zwanzigtausend lokale Banken stellten ihre Zahlungen ein, der Austausch von Waren und Arbeitsleistungen zwischen den Menschen war ganz und gar zerrüttet, und der Krach in Wall Street hallte in den bescheidensten wie in den reichsten Häusern nach.

Auf den Zusammenbruch der Börse folgte in den Jahren 1929 bis 1932 ein unaufhaltsamer Preissturz und damit ein Rückgang der Produktion, der zu ausgedehnter Arbeitslosigkeit führte. Die Folgen dieser Störungen des Wirtschaftslebens machten sich auf der ganzen Welt bemerkbar. Die Arbeitslosigkeit und das Nachlassen der Produktion bewirkten eine allgemeine Schrumpfung des Handels. Zum Schutz der heimischen Märkte wurden Einfuhrbeschränkungen verfügt. Die allgemeine Krise brachte akute Geldschwierigkeiten mit sich und lähmte den Kredit im Innern. Dadurch dehnte sich Ruin und Arbeitslosigkeit auf der ganzen Erdkugel aus... Ähnliche Katastrophen suchten Deutschland und andere europäische Länder heim." (S. 53/54.)

Es folgte bald die Rückwirkung auf *Deutschland*:
„Der Zusammenbruch der Mark vernichtete die Basis des deutschen Mittelstandes, aus deren Reihen viele aus Verzweiflung Mitglieder der neuen Partei wurden und in Haß, Rachsucht und patriotischem Feuer eine Erleichterung ihres Elends fanden." (S. 77.)

„Die Banken der Vereinigten Staaten, die mit zunehmenden Verpflichtungen im eigenen Land belastet wurden, verweigerten die Vergrößerung ihrer unbedachten Anleihen an Deutschland. Diese Reaktion führte zu ausgedehnten Stillegungen von Fabriken und zum plötzlichen Ruin vieler Unternehmungen, auf denen das friedliche Wiederaufleben Deutschlands fußte. Die Arbeitslosigkeit stieg im Winter 1930 auf 2 300 000 an." (S. 86.)

Was die Währungspolitik verdorben hatte, suchten die Politiker mit Nachgeben und Entgegenkommen wieder gut zu machen.

„Aber die große Masse des deutschen Volkes nahm die bemerkenswerten Zugeständnisse der Sieger gleichgültig auf. Zu einem früheren Zeitpunkt oder unter glücklicheren Umständen wären sie als große Fortschritte und als Rückkehr zu wahrem Frieden begrüßt worden. Nun aber lastete die Arbeitslosigkeit als stets gegenwärtige, alles überschattende Angst auf dem deutschen Volk." (S. 86.)

Lassen wir noch einen Bericht aus der „Frankfurter Zeitung" folgen, der die unheilvolle Zeit vor dem Durchbruch Hitlers schildert. Er ist so bezeichnend für die Entwicklung vom Frieden zum Krieg und für die Stimmung in der Weltwirtschaftskrise von 1929 ab, daß sich der Abdruck wie die aufmerksame Lektüre dieses Berichtes aus dem September 1930 lohnt:

„Diejenigen von uns, die den Krieg für ein Unglück halten, das durchaus vermieden werden müßte, und einen fortwährenden Frieden wünschen, werden an Zahl immer geringer und finden für ihre Bestrebungen immer weniger Widerhall.

Vor vier oder fünf Jahren noch sagte mir ein Reichswehroffizier, der als solcher sicherlich kein Kriegsgegner war: Solange meine Generation am Leben ist, wird es keinen neuen Krieg geben. Was wir im Felde durchgemacht haben, war allzu schlimm. Erst wenn keine Menschen mehr da sind, die sich an den vorigen erinnern, können wir einen neuen Feldzug führen.

Wie überraschend schnell hat sich diese Haltung geändert. Es soll nicht die Behauptung wiederholt werden, die gewisse Kreise in den andern Ländern so häufig aussprechen, daß bei uns zum Kriege gehetzt würde. Das ist nicht wahr. Daß aber der Gedanke an einen künftigen Krieg mehr Boden gewonnen hat in manchen Lagern als noch vor wenigen Jahren ist nicht von der Hand zu weisen.
Es besteht heute die fürchterliche Ansicht bei vielen Leuten, daß ein Krieg über kurz oder lang etwas Unvermeidliches wäre, etwas nicht zu um-

gehendes sei. In Schrift und Wort, in Bildern, Zeitungen, Broschüren, Büchern wird von einer gewaltsamen Auseinandersetzung gesprochen, als stände sie unmittelbar vor der Türe. Man überlegt gar nicht mehr, wie solch eine Auseinandersetzung in friedliche Bahnen gelenkt werden könnte, man rechnet schon mit dem Kampf der Gewalten.

Es gibt heute Tausende von jungen Menschen zwischen 20 und 30, die noch unentschieden sind oder bis vor kurzem noch unentschieden waren. Diese jungen Menschen, nach aufreibender und anstrengender Lehrzeit jetzt auf dem Punkte angekommen, wo sie eigenes Geld verdienen müßten, lungern zumeist verzweifelt in den Familien herum, da sie keine Beschäftigung in den von ihnen gewählten Berufen finden können: Juristen, Philologen, Mediziner, Chemiker, Ingenieure, Kaufleute, Architekten, Musiker, Schauspieler. Von links bietet man ihnen nur Kritik. Von rechts stellt man ihnen den Krieg als das unvermeidliche Ereignis der Zukunft dar und sucht sie auf diesen vorzubereiten. Sie beginnen ihn zu wünschen, denn er wird sie wenigstens aus dem unerträglichen Einerlei des Zuhauseseins befreien, sie aus dem Gefühl ihrer Nutzlosigkeit, ihres Überflüssigseins herausführen, wird ihren ungebrauchten, unanwendbaren Kräften Betätigung bringen. Sie kennen den Krieg nur vom Hörensagen und ersehnen in ihm das Abenteuer.

Hier lauert die ungeheure Gefahr. Erkennt man sie und was tut man, sie abzuwenden?"

Hier versuchten hunderte in allen Ländern der Gefahr entgegenzuarbeiten. Auf dem Internationalen Arbeitsamt in Genf allein liefen über zweihundert Vorschläge zur Bekämpfung der herrschenden Wirtschaftskrise und Arbeitslosigkeit ein. Nach einer Mitteilung von Dr. *Fuß*, der die überaus förderliche Studie über „Die Ursachen der Arbeitslosigkeit in internationaler Betrachtung" herausgegeben hatte, enthielten von diesen Vorschlägen sozusagen alle in irgend einer Form den Versuch, durch die *Behebung* des *Geld* -und des *Kapitalstreiks* die Wirtschaft wieder in Fluß zu bringen.
Neben einer Reihe von kleinen Versuchen in den Vereinigten Staaten, über welche Irving *Fisher* berichtete, hat neben Hebecker in Schwanen-

kirchen der Bürgermeister von Wörgl, Michael *Unterguggenberger*, einen Versuch gemacht, die Krise in seiner Gemeinde von der Geldseite her zu bekämpfen.

Am Beginn der großen Geldreform des 20. Jahrhunderts stand Silvio *Gesell*, ein Kaufmann deutsch-französischen Ursprungs in Argentinien, 1891, beim Beginn seiner schriftstellerischen Tätigkeit, noch nicht dreißig Jahre alt. Am Anfang der praktischen *Verwirklichung* der Gesellschen Gedanken standen ein Ingenieur namens *Hebecker* in Schwanenkirchen, Bayern, und ein Österreicher:

Michael Unterguggenberger, Bürgermeister in Wörgl

Während von Schwanenkirchen noch keine weltweite Wirkung aufging, teilte sich Wörgl und sein Bürgermeister Unterguggenberger bald auf den Titelseiten der Sensationspresse mit Filmstars und den Toten der Blutnacht vom 30. Juni 1934, doch nur für eine Nummer. Denn was in Wörgl getan wurde, erforderte eigenes Nachdenken, und dazu ist der normale Zeitungsleser nicht geeignet. Wenn er eine Zeitung zur Hand nimmt, so will er sich rasch orientieren oder auch zerstreuen – mehr nicht.

Wer ist Michael Unterguggenberger? – Wer den Mann zum ersten Mal sah, wurde sogleich gefesselt durch den scharfen, prüfenden Blick dieses eher kleinen Mannes. Es war der etwas ablehnende Blick eines Mannes, der nicht glaubt und nicht wirklich anerkennt, was er nicht verstehen und begreifen kann, und was ihm Unverständliches, Lücken oder Widersprüche zeigt. Wenn Alex von *Muralt* schreibt, Michael Unterguggenberger betone immer wieder, er sei kein Marxist, so versteht das jeder, der den Marxismus mit seinen Irrtümern, seinen Widersprüchen und seinen undurchdringlichen und unentwirrbaren Satzgefügen mit nie genau umschriebenen Begriffen kennt. Ein Mann mit Unterguggenbergers Blick kann nie der marxistischen Lehre verfallen – er kann sie höchstens in der Verzweiflung einer ausweglosen Lage praktisch zu verwirklichen suchen, ohne sich in der Lehre selbst auszukennen. Er verwirklicht sie, ohne sie zu glauben. Das Ergebnis ist auch danach.

Michael Unterguggenberger, aus einer alten Tiroler Bauernfamilie stammend, hatte das Leben des armen Europäers kennengelernt, ohne in der schweren körperlichen Arbeit das Denken zu vergessen. Geboren am 15. August 1884 im Tiroler Unterland, mußte er schon als Zwölfjähriger die Schulbank verlassen, um als Hilfsarbeiter im Sägewerk Hopfgarten, in seinem Heimatdorf für den Unterhalt der Familie mitzuarbeiten. Hilfsarbeiter aber wollte er nicht bleiben; nach drei Jahren hatte er sein erstes Teilziel erreicht: er durfte in Imst im Oberinntal als Lehrling bei einem Mechaniker eintreten. Sein Lehrgeld dazu hatte er sich selber Groschen um Groschen erspart, zum Teil diente er es als Geselle ab. Er wartete nicht auf das große Los; klein zu klein baute er sich das Leben selber auf.

Michael, der ausgelernte Mechaniker, wird Handwerksbursche. Von Imst geht es zum Bodensee, vom Bodensee hinab bis nach Wien und an die Rumänische Grenze, dann hinüber nach Galizien und endlich in das weite Deutsche Reich.

In Liegnitz in Schlesien lernte er die Gewerkschaft kennen, neben der Konsumgenossenschaft die erste Form des gesellschaftlichen Zusammenschlusses der heutigen Arbeiterschaft. Er blieb der Gewerkschaftsbewegung auch Zeit seines Lebens treu.

Sollte er nun Geselle bleiben oder mit Ach und Krach eine eigene Werkstatt eröffnen? Das war die Frage. Sein Ziel wurde ein drittes: die Anstellung bei der Eisenbahn, die damals einem aufstrebenden Arbeiter noch größere Möglichkeiten bot als heute. Im Jahre 1905 kam der damals Einundzwanzigjährige nach Wörgl in den Dienst der Bahn.

Bald geriet das Streben nach sozialer Gerechtigkeit in Widerstreit mit seinem persönlichen Vorwärtskommen.
Der Marxismus trennt Unternehmer und Arbeiter. Er verhindert das, was sein könnte und sein müßte. Die Zusammenarbeit zwischen dem Unternehmer und seinen Mitarbeitern. Das, was der Angelsachse „Teamwork" nennt, kann der Marxist nicht anerkennen, weil nach seiner Meinung der Unternehmer, der Chef, der Leiter einer Fabrik der Ausbeuter der Arbeiter ist, der nach seinem Belieben und Gutfinden die Grundrente und den

Michael Unterguggenberger, † 1936

Zins des Betriebes als Dividende an das Finanzkapital weiter gibt. Daß das Zahlen der Grundrente und daß der Zins für das Anlagekapital *Voraussetzung* für jeden Betrieb ist, und daß es das Finanzkapital, das bare *Geld* ist, welches über Sein oder Nichtsein jeder Unternehmung entscheidet, das hat der Theoretiker Karl *Marx* nie selbst erlebt und erfahren und Friedrich *Engels*, das Mitglied der Börse von Manchester, schreibt es wohl einmal, aber er beachtet es selbst kaum und vergißt es.

Unterguggenberger wurde nicht mehr weiter befördert, als er sich als Gewerkschafter für seine Arbeitskameraden einsetzte und sich 1912 in die Personalkommission der österreichischen Staatsbahnen wählen ließ, wo er die Gruppe „Diener im Lokomotivfahrdienst des Dienstbezirks Innsbruck" zu vertreten hatte. Für die höheren Beamten der österreichischen Bahnen blieb er derjenige, welcher die Interessen des Personals gegen die Interessen der Bahngesellschaft und nicht die Interessen der Bahn selbst vertritt.

So wurde er, was er geblieben ist: ein einfacher Arbeiter, aber auch der Anwalt der Arbeit gegen die Ausbeutung der Arbeitenden aller Stände und Berufe durch das Kapital. Wir sind nachträglich darüber froh.

Nicht nur der Lokomotivführer, sondern auch der Gewerkschafter Michael Unterguggenberger machte seine Arbeit gut: der Gewerkschaftsverband in Wörgl wuchs! Mit 100 fing Unterguggenberger an, der Verband verdoppelte sich, er verdoppelte sich unter seiner Führung noch einmal und noch ein drittes Mal: auf 800 Mitglieder.

Wie die meisten rührigen Gewerkschafter damals, so wurde auch

Michael Unterguggenberger Sozialdemokrat

Sozialdemokrat ist Unterguggenberger geworden wie tausend, ja millionen andere: „Wer mit 20 Jahren nicht Sozialist ist, der hat kein Herz", sagte der kluge Satiriker Clemenceau, der Menschen und Parteien in Frankreich kannte; aber er fügte auch noch bei: „Wer es mit 40 Jahren noch ist, hat kein Hirn", weil er auch das Endergebnis des Sozialismus sah, den Kommunismus und den Bolschewismus, die Diktatur und die allgemeine Verstaatlichung und Verbürokratisierung des Menschen: „Die besten Schleicher kommen hier an die besten Stellen", sagt Gesell. Michael Unterguggenberger ist Mitglied der Sozial-demokratischen Partei Österreichs geworden wie die meisten ohne zunächst die Theorien zu kennen, welche die Forderung nach der „Überführung der Produktionsmittel in den Besitz der Allgemeinheit" zur Folge haben mußte. „Sie laufen alle hinter vier dicken Bänden her und keiner weiß was darin steht", spottete Oswald *Spengler* 1920 in seiner Schrift „Preußentum und Sozialismus". Aus diesen vier dicken Bänden des „Kapital" hatte Karl *Kautsky* einen Auszug machen wollen, kam aber nie über den *ersten* Band hinaus. Diesen Auszug aus dem ersten Band des „Kapitals" von Karl Marx findet man heute noch in allen Bibliotheken alter Sozialisten. Sie haben diesen Auszug aus dem ersten Band des „Kapital" vielleicht sogar gelesen. Darüber hinaus aber ist selten einer gekommen und keiner weiß, daß Marx, wie Thomas G. *Masaryk* feststellt, „neben die falsche Ansicht auch immer noch die richtige setzt, in der Folge leider aber immer an der falschen festhält". Hätte Karl Kautsky einen Auszug aus dem *ganzen* Werk gemacht und wäre durch die Rabulistik des Werkes nicht verwirrt worden, so würde er auf jene Stellen im III. Band, 1. Hälfte gestoßen sein, worin Marx so deutlich und so unmißverständlich feststellt, wie ihm das mit seinem mangelnden Gefühl für Sprachsauberkeit und für Klarheit nur möglich war, daß es eine Ausbeutung gegeben habe, bevor es Unternehmer gab, daß zur Beseitigung aller Ausbeutung „nichts nötig" sei, als daß „keine natürliche oder künstliche Monopole den Warenaustausch zugunsten des Käufers oder des Verkäufers verfälschen." Damit fällt sein ganzer Kampf gegen *Proudhon* dahin, der das gleiche sagte, aber dafür von Marx in schandbarer Weise angegriffen worden ist. In gleicher Weise wie Marx im III. Band äußerte sich übrigens auch Friedrich Engels über die Ursache der kapitalistischen Ausbeutung: daß sie durch das Zurückhalten des Tauschmittels entstehe, durch das hamsterfähige Geld.

Michael Unterguggenberger war mit der täglichen Arbeit in der Partei nicht zufrieden. Er wollte um das Warum und das Weshalb wissen. Aber es ging ihm wie dem großen schweizerischen Arbeiterführer Hermann *Greulich*, der bekennt, nach einigen Seiten von Karl Marx habe ihm der

Kopf geraucht. Doch tat er nicht was Scheidemann bei seinem Marxstudium machte. Scheidemann schreibt, er sei davongelaufen und zum Bier gegangen, um sich da zu erholen. Vielleicht war es die Krankheit der armen Leute, die Tuberkulose, die den österreichischen „Diener im Lokomotivfahrdienst" veranlaßte, tiefer zu schürfen als die gesunden und robusten Naturen: Michael Unterguggenberger las in seiner sehr beschränkten Freizeit was ihm an sozialreformerischen Schriften in die Hand fiel.

Das Bürgertum trieb Sozialfürsorge. Das war alles, was ihren Volkswirtschaftsprofessoren und Politikern einfiel. Sozialversicherungen aller Art, Arbeitslosenversicherungen, Wohnungsämter, Mieterschutz (der zur Wohnungsnot führen mußte!) – das war ungefähr alles, was aus dem Bürgertum an Sozialreform herauskam. Die Ursache der Arbeitslosigkeit dagegen, die *Ursache* der Wohnungsnot, die Ursache der Massenarmut wurde nirgends ermittelt – überall wurde nur an den *Folgen* herumgedoktert. Aber der Gesamtablauf der Wirtschaft wurde nirgends untersucht. So konnte auch niemand auf bürgerlicher Seite bessere Vorschläge machen.

Michael Unterguggenberger suchte und suchte. Er forschte, wie Otto *Maaß* in Erfurt geforscht hatte, wie in jedem Land Menschen suchten, die Sozialisten waren in Hinsicht auf das *Ziel* des Sozialismus: „die Beseitigung der Ausbeutung des Menschen durch den Menschen", aber nicht in Bezug auf den *Weg:* „die Überführung der Produktionsmittel in den Besitz der Allgemeinheit".

Michael Unterguggenberger hatte schon die Krise von 1907/8 durchgemacht. Er hatte in der Krise 1912/14 wieder gesehen, wie Österreich und mit Österreich die ganze Welt in den Krieg hineingeführt wurde. Er hatte im Krieg 1914/18 die Inflation erlebt und erlitten und mußte dabei feststellen, daß die sozialistischen Hochschuldozenten über die Ursache und die Verhinderung einer Inflation noch viel weniger wußten als die bürgerlichen Professoren. Nach der Inflation folgte eine Deflation, von der die Sozialisten alles Gute erwarteten, aber noch schlimmer geschädigt wurden als durch die Inflation. Dann folgte die Erholung 1924 bis 1929. Schließlich kam, vom September 1929 ab, die neue Deflation, die große Weltwirtschaftskrise. Und noch immer wußten die Sozialisten darüber nichts zu sagen und konnten in ihren heiligen Büchern nichts über die Ursachen der Kaufkraftschwankungen finden als eine Schimpfiade über die einzige Theorie, die darüber etwas zu sagen gehabt hätte: die Quantitätstheorie. Diese leitet die Geldwertschwankungen ganz einfach und natürlich aus dem Geldumlauf her, der, im Verhältnis zum Warenangebot, bald zu groß, bald zu klein ist.

Am Anfang aller menschlichen Ordnungen steht ein Mensch. Wenn dieser Mensch gescheit ist, so merkt er, ob die Ordnungen, die er sich selbst gegeben hat, vernünftig und zweckentsprechend sind oder nicht, ob sie wirkliche Ordnungsgrundsätze sind oder ob sie zur Unordnung führen müssen. Wenn dieser Mensch klug ist, wird er versuchen, andere dafür zu gewinnen, eine bessere Ordnung einzuführen. Er wird auch seine eigenen, vielleicht noch nicht durchgeführten Vorschläge an den täglichen Erfahrungen nachprüfen und seine Theorien der Gegenwart und ihren Lehren entsprechend abändern und neue Wege gehen. Aber die bürgerliche Welt ging damals ihre alten Wege und die Sozialisten hingen an ihren alten Theorien. Nur wenige dachten an neue Wege und suchten eine neue, bessere Lehre, die das erklären könnte was vorgeht und lehren könnte, was notwendig getan werden müßte.

Michael Unterguggenberger erlebt als Bürgermeister von Wörgl die Weltwirtschaftskrise von 1929.

Wörgl – der Ort liegt im Tirol, zwischen den Städten Innsbruck und Salzburg. Wörgl ist heute eine Schnellzugsstation und ein Eisenbahnknotenpunkt. Hier kreuzen sich die Straßen von Innsbruck, von Wildschönau, aus dem Brixental von Kitzbüchel, aus dem Sölltal von St. Johann her und von Angath und Angerberg. Hinzu kamen 1858 und 1875 die Bahnlinien Buchs-Innsbruck-*Wörgl*-Salzburg-Wien und die Linie Triest-Ljubliana-Villach-*Wörgl*-Rosenheim-München, die sich in Wörgl kreuzen.

Wörgl wurde 1911 Marktgemeinde und 1951 Stadt. In den Achtzigerjahren errichteten Franzosen hier eine Zellulosefabrik, es folgten eine Zementfabrik und eine Sandziegelfabrik und zwei Sägewerke. Von 1900 bis

1910 nahm die Bevölkerung von 648 auf 4427 Einwohner zu, 1940 zählte Wörgl 4800 und 1950 6500 Einwohner.

Am Ende des ersten Weltkrieges 1920/22 wurde Michael Unterguggenberger in den Gemeinderat gewählt; bald wurde er Vizebürgermeister und 1931 Bürgermeister. Die Gerichtsstraße und die Brixentalerstraße, die Hauptschule und der Ausbau des Wasserleitungsnetzes und nicht zuletzt die Versorgung Wörgls mit elektrischer Energie waren die Folge der guten Entwicklung in der glücklichen zweiten Hälfte der Zwanzigerjahre mit ihrem bis 1929 festem Preisstand.

Dann kam der „Schwarze Freitag", der verhängnisvolle 24. Oktober 1929: die große Krise und damit die Nacht über Europa, in deren Dunkel ein übles Gewürm Meister geworden ist. An den Folgen dieser Krise haben wir noch heute zu leiden.

Wie die Krise 1929 gemacht wurde

Die Krise entstand aus dem Bestreben der Ausbeuter der menschlichen Arbeit, diese Ausbeutung nicht verschwinden zu lassen. Sie entstand durch den Unverstand verantwortlicher Männer, welche die Folgen ihrer Handlungsweise vielleicht nicht einmal bemerkten, durch die Unzulänglichkeit unserer Tauschmittelversorgung. Ausgelöst wurde sie durch den Tod eines Mannes, der an seiner entscheidenden Stelle sie vielleicht hätte verhindern können, wenn er am Leben geblieben wäre. Wie immer in der Geschichte, ist es nicht *eine* Ursache allein, welche das Unheil brachte, sondern eine Reihe von Bedingungen, welche die Entwicklung beeinflußten und ihr diese verhängnisvolle Richtung gaben. Der Mann hieß Benjamin *Strong*. Zunächst muß man wissen, daß die Geldversorgung der Wirtschaft entscheidend wichtig ist für die Bewegung des Preisstandes. Das Geld ist Nachfrage. Wenn *Gold* die Grundlage der Geldversorgung ist, so ergibt sich daraus, daß das Fehlen des Goldes ein Fehlen des Geldes auf dem Warenmarkt zur Folge hat. Fehlt die Nachfrage, das umlaufende Geld, so steigt dieses Geld im Wert, anders gesagt: die Preise sinken allgemein. „Sinkende Preise und Löhne bedeuten Stagnation, Schrumpfung", schrieb 1936 am 7. April der schweizerische Bundesrat in einer amtlichen Botschaft. Heute zweifelt niemand mehr an der Richtigkeit dieser Feststellung.

Prof. Dr. Gustav *Cassel*, der Experte des Völkerbundes für die Währungsfrage von 1919 ab, hatte schon 1912 ausgerechnet, daß die Geldvermehrung der Welt jährlich 2,8% des jeweiligen Jahresbestandes betragen müsse, um den Geldumlauf und das Warenangebot im Gleichgewicht und damit den Preisstand auf der gleichen Höhe festzuhalten. Dabei mag diese Zahl heute zu klein sein, da er diese Rechnung für die Jahre 1850 bis 1906/7 machte. In diesen beiden Jahren waren wohl die internationalen Preisstände auf der gleichen Höhe, aber von 1874 bis gegen Ende der Achtzigerjahre sanken die Preise infolge des damaligen Goldmangels ständig. Die Produktion ging daher nicht normal vorwärts, sondern war in den Jahren von 1870 bis 1889 außerordentlich stark gehemmt, wie in jeder Zeit der Deflation. Man muß daher wohl eher mit einer höhern Zahl als nur mit einer Vermehrung des Geldbestandes von bloß 2,8% rechnen.

Wie stand es nun nach dem ersten Weltkrieg mit der Geldvermehrung? Wie stand es mit der Goldförderung?

                1912: 713 Tonnen
                1914: 673 Tonnen!
anstatt   1914: 756 Tonnen nach Cassel!

Tatsächlich herrschte schon 1913 und besonders im Winter 1913/14 eine sehr starke Deflationskrise. (Siehe Fritz Schwarz, „Segen und Fluch des Geldes in der Geschichte der Völker", Bd. 1.) Bezeichnend für die Stimmung ist ein Satz in einem Flugblatt, das 1914 nach Ausbruch des Weltkrieges in Berlin verteilt worden ist, in dem es hieß: „Der Ausbruch des Krieges war eine Erlösung für uns; denn so wie es in den letzten Jahren gegangen war, konnte es einfach nicht weiter gehen".

Mit dem Beginn des Krieges gingen die Preise in die Höhe, weil man nur noch in den Vereinigten Staaten, wohin das Gold als Zahlung für Warenlieferungen aller Art abfloß, sich an die Golddeckung hielt. Dort kam es aber zu einer starken Goldinflation, indem der Preisstand in Golddollars von 100 auf 217 hinauf getrieben wurde und das Geld damit 54% seiner früheren Kaufkraft verlor. Von 1920 bis 1922 wurde der Preisstand wieder gesenkt; aber noch im Juli 1929, vor dem Ausbruch der Weltwirtschaftskrise stand er auf 162, um bis Juli 1930 auf 152 abzusinken!

Seit 1926 war der allgemeine Zinsfuß in den Vereinigten Staaten infolge der gut fortschreitenden Arbeit und der ständig zunehmenden Vermehrung des Kapitals gesunken, so z. B. die Aktien-Rendite von 5,2 im Jahre 1925 auf 2,870 unmittelbar vor Ausbruch der Krise. Der Diskont dagegen, das heißt der Zins für Geld von der Notenbank war von 1926 ab ständig gesteigert, sein Bezug also verteuert worden:

Diskontsatz

1926: 3,99 %   1928: 4,42 %

1927: 3,85 %   1929: 4,95 %

Die Zusammenstellung der Produktionsvermehrung mit der Goldgewinnung und dem Notenstand zeigt das Auseinanderfallen dieser Größen durch das Zurückbleiben der Geldnachfrage hinter dem Warenangebot. Damit mußten die Preise schließlich fallen. Wie dieses bemerkt wurde, brach die Panik aus: am „Black Friday" am 24. Oktober 1929.

Die nachfolgende Zusammenstellung zeigt, wie die Krise vom Jahre 1929 ab gemacht worden ist.

Jahr	*Produktion*	*Goldfunde* (1912: 713 t)		*Notenstand* (in Mill. $)		*Preisstand* (VII. des Jahres)
	(in %)	in t	in %		in %	
1927	100	602	100	2681	100	162
1928	105	608	101	2723	102	161
1929	112 (!)	642	106	2629	98	161

	Gesamte Geldmenge	in %	Geldmenge werden	Geldmenge soll
1927	5003	100	100	100
1928	4973	99,4	99,4	103
1929	4865	97,2	97,2	106,1

Man muß sich dieses Bild ansehen, um zu verstehen, daß bis Juli 1930 der Preisstand von 161 auf 152 gefallen ist: eine Deflationskrise wie man sie nicht besser machen könnte. Während die Geldmenge von 100 auf rund 106 hätte steigen müssen – immer die gleiche Umlaufsgeschwindigkeit vorausgesetzt! – ließ man sie von 100 auf 97 zurückgehen, ohne irgend etwas zu unternehmen, um diese Verminderung aufzuhalten. Daß damit rund der elfte Teil der produzierten Waren nicht mehr Nachfrage, d. h. angebotenes Geld finden konnte, leuchtet ein. Die *Bedürfnisse* sind immer da, aber die kaufvermittelnde *Nachfrage*, nämlich das *umlaufende, angebotene Geld* fehlt in solchen Fällen – hier in jedem elften Falle!

Daß man damals die Krise nicht vermied – wie man sie seit 1923 vermieden hatte – daran trug vor allem Schuld der Tod von Benjamin *Strong*, dem Gouverneur der Federal Reserve Bank von New York, der wichtigsten der 12 F-R-Banken der Vereinigten Staaten. Von 1923 ab hatte Strong immer die Notenmenge so gut es nur ging der Warenvermehrung anzupassen versucht, so daß der Preisstand fest blieb. Schon 1923 schrieb Strong in der Zeitschrift „Collier's Weekly", daß die meisten Streitigkeiten zwischen Arbeiter und Unternehmer durch steigende Preise verursacht würden: „Ist daher die Stabilität der Preise nicht die Grundbedingung für die industrielle und nationale Sicherheit? Ich glaube mit Henry Ford, daß das, was die große Masse unserer Arbeiterschaft am meisten wünscht, die Sicherheit der Arbeitsgelegenheit ist, verbunden mit einem entsprechenden Lohn mit stabiler Kaufkraft."

Am 20. Februar 1926 erklärte er vor dem amerikanischen Abgeordnetenhaus wörtlich:

„Die Zeit ist meiner Ansicht nach gekommen, wo sich der Kongreß der Vereinigten Staaten, dem die Macht der Münzprägung und die „Regulierung des Wertes der Münzen" übertragen ist, für die Stabilisierung der

Kaufkraft des Dollars erklären sollte: jetzt sind die Verhältnisse hierzu in jeder Beziehung reif."

Mit dem Tod von Generalgouverneur *Strong* gingen aber diese wertvollen Gedanken wieder verloren. Es wurde eine Deflationspolitik durchgeführt, wie sie von 1920 bis 1922 betrieben worden war. Ihr Ziel: die Wiedereinführung der Goldwährung; ihr Weg: die Senkung des Warenpreisstandes und die Abgabe von Gold an die andern Staaten, um wieder das System der internationalen Goldwährung einzuführen; der Zweck: Beherrschung des Weltpreisstandes und damit der ganzen Weltwirtschaft, die Möglichkeit, Inflation und Deflation zu machen, um an beiden zu gewinnen. Besteht keine Goldwährung, so kann man nicht Deflationen und Hochkonjunktur auslösen, wann man will.

Mit der Inflation zwingt man die kleinen Spargeldbesitzer, die Arbeiter und Angestellten zum Angreifen und Aufbrauchen ihrer Ersparnisse. Mit der Deflation ruiniert man die neuerstandenen kleinen Betriebe, die sich in der guten Konjunktur entwickelt haben und die den großen Betrieben Konkurrenz machen. In beiden Fällen bleiben die Großen am Leben und die Kleinen bleiben klein oder werden wieder klein gemacht. Absatzstockung und Arbeitslosigkeit war und blieb so unter dem System der Goldwährung das Schicksal der Wirtschaft.

Es mag gesucht und unglaublich vorkommen, was hier gesagt wird. Aber man lese „Morgan der ungekrönte König der Welt" oder man studiere die Enzyklika von Plus XI., die 1931 erschienen ist und wo es heißt:
„Vor allem fällt aller Augen auf, daß sich in unserer Zeit nicht bloß die Reichtümer, sondern eine ungeheure Macht und die Diktaturgewalt anhäuft bei nur wenigen, die meistens nicht einmal Eigentümer, sondern bloß Verwahrer oder Verwalter anvertrauten Gutes sind und dieses nach ihrem Wink und Willen leiten.

Am schärfsten wird diese Macht ausgeübt von jenen, die als Besitzer und Beherrscher des Geldes auch die Oberherrschaft besitzen über den Zinskredit und in der Geldleihe unumschränkte Gebieter sind. Infolgedessen verwalten sie gewissermaßen das Blut, durch das die ganze Wirtschaft lebt und drehen und wenden gleichsam die Seele der Wirtschaft so mit ihren Händen, daß gegen ihren Willen niemand schnaufen kann."

Wer glaubt, daß hier vielleicht weltfremde Menschen am Werk gewesen seien und sich bloß eingebildet haben, daß Menschen so schlimm handeln könnten, der greife zu den Lebenserinnerungen von Lincoln *Steffens*, dem bedeutendsten Berichterstatter der Vereinigten Staaten, der dort das Bestechungswesen und das Spekulantentum in Wirtschaft, Politik und Polizeiwesen enthüllte – zu einem Werk, das an amerikanischen Universitäten als Lehr- und Lesebuch für demokratische Erziehung gebraucht wird. Da findet man auch dargestellt, wie sich gewisse Börsenleute verhalten, wenn „eine Zeitspanne von Vernichtung strotzt" – also in der *Krise;* Lincoln *Steffens* schreibt darüber:

„Die Spekulanten hatten ihre helle Freude am großen Zusammenbruch; sie machten ihre Gewinne und waren glücklich. Als Berichterstatter im Umkreis der Börse konnte ich an Tagen, da ein großer Preissturz stattfand, ringsum die überschäumende Freude der Baissiers sehen und fühlen, und das überraschte mich immer wieder von neuem, denn alles, was ich diesbezüglich gelesen, gehört und mir vorgestellt hatte, drehte sich um die düstere Niedergeschlagenheit, Verzweiflung und Bedrängnis derjenigen, die Verluste erlitten. Und natürlich fehlten auch die Leidtragenden nicht im Bild; zum Teil waren sie an der Börse selbst, zum Teil in den Banken und Maklergeschäften, vorzüglich aber weitab vom Schauplatz rings im Lande herum, unter der gewöhnlichen Bevölkerung. Für die Makler bedeutet ein reger Markt gewöhnlich gute Geschäfte, ganz gleich ob sie nun selbst an der Börse sind oder in ihrem Geschäfte, und ob die Preise steigen oder fallen. Das war vor allem spürbar und sollte einmal beschrieben werden – die freudige Erregung, die eine solche Panik mit sich bringt."

Unterguggenbergers Wörgl in der Weltwirtschaftskrise

Kann man sich vorstellen, was eine Krise in seiner Gemeinde für einen Mann wie Michael Unterguggenberger bedeutet, einen Mann, der die Krisennot kleiner Leute am eigenen Leibe erfahren hatte und wußte, was die Krise für einen Menschen bedeutet, der allein und ausschließlich auf sein Einkommen angewiesen ist, das kaum bei steter Anstellung zum Leben reicht?

Wörgl hatte damals 4216 Einwohner. Da es ein Eisenbahnknotenpunkt ist beschäftigte die Bahn viele Leute: 1930 waren es 310, aber 1933 nur noch 190. Und gleichermaßen tröpfelte alles langsam ab und einer der Arbeitslosen nach dem andern kam zu seinem früheren Kollegen, der nun Bürgermeister geworden war und bat um Hilfe.

Schon 1929 war durch die Elektrifikation das Heizhaus Wörgl im Betrieb eingestellt worden. Dann kamen die Zementwerke Kitzbichel an die Reihe: 1930 waren dort noch 45-60, 1933 noch ganze 2 Arbeiter beschäftigt. Da war auch die Brauerei Zipf. Der sozialdemokratische Finanzminister Englands, *Snowden*, hat 1929 den englischen Alkoholproduzenten auf eine Eingabe hin geantwortet, der Staat würde sie alle mit Vorteil im Betrieb einstellen und würde sich besser stellen, wenn sie alle auf seine Kosten pensioniert würden. Er pensionierte sie aber doch nicht. Unterguggenberger war höflicher und sagte das nicht, als sich von den 33 bis 37 Arbeitern der Brauerei im Jahre 1930 nach und nach 10-14 als arbeitslos meldeten. Dann war eine Zellulosefabrik, die 1930 noch 360-410 Arbeiter beschäftigt hatte und vor dem Krieg den Rohstoff für das Papier der Boulevard-Presse nach Paris geliefert hatte – diese Exporte hörten ganz auf und 1933 waren noch 4 Mann mit der Bewachung der stillgelegten Maschinen beschäftigt. Die Landwirte, etwa ein Drittel der Erwerbstätigen, konnten ihre Produkte kaum noch absetzen und die übrigen zwei Drittel der Bevölkerung, die aus Arbeitern, Angestellten und kleinen Gewerbetreibenden bestanden, litten alle mehr oder weniger stark unter diesen trostlosen Verhältnissen.

Tagtäglich kamen die Arbeitslosen und vor allem auch die stets zunehmenden „Ausgesteuerten" zu „ihrem" Bürgermeister. Ausgesteuerte gab es schon 1932 rund 200, die nun der öffentlichen Armenfürsorge anheimfielen. Die Zahl der Arbeitslosen stand im Frühjahr 1932 auf etwa 350 im eigentlichen Wörgl allein, auf 1500 in der näheren Umgebung.

In Wien aber saßen die Bundesregierung und der Notenbankdirektor Dr. Kienböck und betrachteten ratlos die Entwicklung:

Jahr	Goldschatz in Mill.	Notenstand in Mill.	Lebenskosten 1929 = 100	Arbeitslose in Tausend
1926	53	974	92,8	177
1928	169	1067	97,3	182
1930	214	1090	100,0	243
1932	149	914	97,3	378
1933	189	952	94,8	370

Dem Goldschatz, der dann 1938 durch Kienböck den Nazis übergeben worden ist, ging es gut, aber sonst nahm nichts zu als die Zahl der Arbeitslosen. Der Geldumlauf wurde im Verhältnis zum Warenangebot und zu den Arbeitsmöglichkeiten verkleinert, damit sanken die Preise und stieg die Zahl der Arbeitslosen.

Unterguggenberger zieht Silvio Gesells
„Natürliche Wirtschaftsordnung" zu Rate

Da las und las er wieder:

„Eine Wirtschaftskrise, also Absatzstockung und Arbeitslosigkeit mit ihren Begleiterscheinungen, ist nur bei weichenden Preisen denkbar …

Nur wenn die Preise anhaltend und stark (meistens um 5 % jährlich) steigen, kann sich die Volkswirtschaft ohne Krise abwickeln. – Wie könnte die Wirtschaftskrise verhütet werden? In der Erklärung ihrer Ursache ist auch schon die Bedingung angegeben, die für die Verhütung der Wirtschaftsstockungen erfüllt werden muß, und diese lautet: Die Preise dürfen niemals und unter keinen Umständen fallen! Das ist die Bedingung, die erfüllt werden muß!"

Das überlegte sich der Bürgermeister Unterguggenberger von Wörgl, wie so mancher das im Laufe der Jahre wohl überlegt hat – auch Dr. *Kienböck*, Prof. Dr. *Bachmann*, vielleicht auch Dr. *Schacht?* Schon 1927 schrieb Dr. Schacht als Direktor der Deutschen Reichsbank in deren Jahresbericht:

„Der Zahlungsmittelumlauf eines Landes muß in einem abgewogenen Verhältnis zu dem Umfang der wirtschaftlichen Betätigung gehalten werden. – Ein Prüfstein für die Höhe des Zahlungsmittelumlaufs ist die Entwicklung des allgemeinen Preisniveaus."

Im Jahre 1933 sagte Schacht in aller Öffentlichkeit:

„Die Deflationspolitik hat ein Drittel der deutschen Arbeiterschaft auf die Straße gesetzt! Wenn man dieses Trauerspiel nicht wiederholen will, daß man auf der einen Seite Getreide ins Meer wirft und Kaffee verbrennt, während auf der andern Seite Millionen von Menschen hungern und frieren, so sollte man davon absehen, neue Deflationsmaßnahmen zu propagieren."

Aber sich jetzt, zu Beginn der Krise, mit bestimmten *Forderungen* auf Schluß der Deflation, auf Bekämpfung der Geldhamsterung zu Worte melden? Es scheint in der Welt viel mehr *Politiker* zu geben als in den Parlamenten Platz finden können sie scheinen sich daher auch in den Notenbanken und in der Verwaltung einzunisten. Denn, so sagte Abraham *Lincoln:* „Ein Politiker ist ein Mensch, der nie das Übel an seiner Wurzel packt, sondern immer nur dessen Folgen, aber niemals die Ursachen bekämpft, weil er sich nicht überflüssig machen will!"
Es braucht allerlei, damit die Wirtschaftskrise in ihren Ursachen bekämpft wird: eine gescheite Persönlichkeit, die beobachten und Schlüsse ziehen kann, sodann guten Willen, um zu handeln, Klugheit, um die Angelegenheit den Umständen entsprechend anzupacken und Menschen dafür zu gewinnen, die auch zu helfen vermögen.

Das Entscheidende aber ist immer der Wille zum Helfen, der Wille zur Verantwortung.

Michael Unterguggenberger hatte den Willen zum Helfen und trug schwer an seiner Verantwortung.

Er ging vom einen zum anderen, um sie über seine Ansichten und Absichten aufzuklären. Das war eine schwere Aufgabe. Oft war er fast verzweifelt über die Begriffsstutzigkeit der einen dann war er wieder überrascht, wie rasch ein anderer seine Gedanken auffaßte und darauf einging. Er gewöhnte sich schließlich ab, die Leute zum vornherein darauf einzuschätzen, wie sie seine Ideen auffassen würden es kam zu oft ganz anders als er es geglaubt hatte. Da war z. B. ein angesehener, und aber sehr konservativer Mann, vor dem er sich beinahe fürchtete – er ging sofort auf die Frage ein und zeigte sich in der Folge als eine sehr gute Stütze. Aber dann war wieder ein Parteimann – der war widerspenstig wie ein alter Esel und nicht zu belehren, während ein Kollege der genau gleichen Richtung sofort Feuer und Flamme war und ein zuverlässiger Helfer wurde. War Unterguggenberger beinahe am Verzweifeln, so pflegte er vor sich hinzuschauen und in Gedanken versunken eine ganze Weile nachzudenken, fast zu träumen – dann schaute er plötzlich auf, blickte wie erwachend um sich, räusperte sich ganz kurz und sagte: „Es muß doch gehen!" – und ging wieder von neuem ans Werk.

Eine entscheidende Sitzung des Wohlfahrtsausschusses in Wörgl

Nach einer langen Vorbereitung sozusagen jedes der einzelnen Mitglieder dieses Ausschusses lud Bürgermeister Unterguggenberger zur entscheidenden Sitzung ein. Es war der 5. Juli 1932. Anwesend waren laut einem Sitzungsbericht:
Bürgermeister Michael Unterguggenberger, Revident der österreichischen Bundesbahnen i. P.; Vizebürgermeister Josef Gollner Kaufmann; Vizebürgermeister Josef Ralser, Bundesbahnbeamter; die Gemeinderäte Jakob Astner d. J., Landwirt; Johann Astl, Landtagsabgeordneter, Elektromonteur; Franz Danek, Kaufmann; Alois Endl, Kellermeister; Anton Graus, Landwirt; Anton Kogler, Bundesbahnbeamter; Oswald Koller, Elektriker; Peter Lanziner, Bundesbahnbeamter i. P.; Sebastian Mitterer, Bäckermeister; Rosalia Nestler, Bundesbahnbeamtengattin; Georg Opperer,

Adjunkt i. R.; Johann Payr, Landwirt; Franz Pick, Bundesbahnbeamter; Martin Pichler Landtagsabgeordneter, Schneidermeister; Thekla Sittenthaler, Bundesbahnbeamtengattin; Dr. Georg Stawa, Oberfinanzrat i. R.; Max Steinbacher, Privat; Johann Straßer, Landwirt; Christian Wascher, Tischlermeister; Fanny Weinmayr, Bundesbahnbeamtengattin.

Der Bürgermeister gab eingangs in einer kurzen Zusammenfassung die augenblickliche Lage der Gemeinde bekannt:

Gegen 400 Arbeitslose sind in der engeren Gemeinde, davon mehr als 200 Ausgesteuerte; 1500 Arbeitslose leben im Gesamtbezirke. Eine Schuld an die Sparkasse der Stadt Innsbruck im Betrag von 1 300 000 Schilling kann nicht mehr verzinst werden – ein Rückstand von 50 000 Schilling Zinsen besteht noch von 1931 her. Das einzige Guthaben der Gemeinde sind die Steuerausstände; sie betragen für das Jahr 1931 rund 118 000 Schilling. Jetzt, 1932, ist es fast unmöglich, von diesem Gelde etwas hereinzubekommen. Infolge dieser Rückstände ist die Gemeinde auch gegenüber der Landesregierung und dem Bund in Verzug. Die beiden Körperschaften verrechnen für die auf die Gemeinde entfallenden Landes- und Bundessteuern Anteile. Sie zahlen daher nichts an die Gemeinde aus, wenn die Gemeinde keine Steuereinnahmen hat, so daß der Gemeinde auch diese Einnahmequelle gesperrt ist. Die Gemeindesteuern brachten im ersten Halbjahr ganze 3000 Schilling ein. Die Lage der Gemeinde wird immer schlimmer, da niemand die Steuern bezahlen kann. Der Arbeiter muß die letzten Spargroschen angreifen. Die Ortssparkasse leidet an Geldknappheit. Bei den Versteigerungen fehlen die Käufer, weil jedermann mit weiter sinkenden Preisen rechnet. Alle Zahlungen stocken. Die Zahl der Arbeitslosen steigt unter diesen Umständen von Tag zu Tag.

So der Situationsbericht – trostlos!

Der Bürgermeister unterbreitete darauf dem Wohlfahrtsausschuß der Marktgemeinde Wörgl folgende Darstellung seiner Vorschläge, deren Einzelheiten ihnen allen nicht neu waren, hatte er sie doch in seinen un-

Zur Abwicklung der Wörgler Arbeitswertscheinaktion wurde ein Treuhandausschuss einberufen. Diesem überparteilich zusammengesetzten Gremium gehörte Dr. Georg Stawa, Bürgermeister Michael Unterguggenberger, Gemeindesekretär Rudolf Winkler und Pfarrer Matthias Riedelsperger (v.l.n.r.) an.

gezählten Unterredungen mit ihnen durchbesprochen; so verliest er nun sein:

Nothilfe-Programm!

„Langsamer Geldumlauf ist die Hauptursache der bestehenden Wirtschaftslähmung. Das Geld als Tauschmittel entgleitet immer mehr den Händen der schaffenden Menschen. Es versickert in den Zinskanälen und sammelt sich in den Händen weniger Menschen, die das Geld nicht mehr dem Warenmarkt zuführen, sondern als Spekulationsmittel zurückhalten. Da das Geld ein unentbehrliches Rad in der Produktionsmaschine ist, bedeutet die Ansammlung von großen Summen in wenigen Händen eine ungeheure Gefahr für den ungestörten Produktionsbetrieb. Jede Geldstauung bewirkt Warenstauung und Arbeitslosigkeit. Unsicherheit in den Wirtschaftsverhältnissen macht den Geldbesitzer ängstlich, er gibt das Geld nicht mehr oder sehr ungern aus der Hand, er mißtraut jeder Geldanlage.

Der Geldumlauf wird so verlangsamt, der Gesamtumsatz an Ware und Leistungen schrumpft ein und der Lebensraum der Menschen im Wirtschaftsgetriebe schwindet. Bleibt es in der bestehenden Form, so lähmt es die Ernährung des Volkes, Friede und Wohlstand werden zerstört. Ganze Völker und Staaten werden dadurch vom Untergang bedroht. Da von hier aus die Welt nicht befreit werden kann, wollen wir wenigstens ein Zeichen geben.

Das träge und langsam umlaufende Geld der Nationalbank muß im Bereich der Gemeinde Wörgl durch ein Umlaufmittel ersetzt werden, welches seiner Bestimmung als Tauschmittel besser nachkommen wird als das übliche Geld. Es sollen „Arbeitsbestätigungen" in drei Nennwerten zu 1, 5 und 10 Schilling ausgegeben und in Umlauf gesetzt werden. Die Gemeinde wird das tun, und die Privaten sollen gewonnen werden, die Arbeitsbestätigungen zum vollen Nennwert zu kaufen und in Zukunft möglichst alle Zahlungen in der Gemeinde damit zu leisten. Um das wirtschaftliche Leben in der Gemeinde wieder aufwärts zu bringen, sollen auch nach einem noch zu bestimmenden und aufzustellenden Plane öffentliche Arbeiten damit durchgeführt und bezahlt werden."

Ein politisches Meisterstück

Durch die vielen vorbereitenden Besprechungen des Bürgermeisters mit den einzelnen Ausschußmitgliedern konnte eine lange Diskussion erspart werden. Die Leute wußten genau, um was es ging. Alle stimmten geschlossen dem Vorschlag zu.

„Diese Schwundgeldsache hat es fertig gebracht, in diesem über und über politisierten Österreich dem Schicksal zu entgehen, ein Politikum zu werden: alle das Notgeld betreffenden Beschlüsse wurden im Gemeinderat jeweils einstimmig, mit Unterstützung aller Parteien beschlossen."

Nicht nur aller Parteien, so ergänzte und berichtigte Redaktor Hans *Burgstaller* seinen Schweizer Kollegen Dr. Alex von *Muralt,* damals in Wien, der dies in Schweizer Zeitungen berichtete, „sondern auch aller *Weltanschauungen".*

In der „Illustration", der großen Pariser Illustrierten, erschien am 9. September 1932 eine ausführliche Reportage von Dipl.-Ing. Claude *Bourdet* (ETH. Zürich); er schrieb unter anderem ebenfalls:

„Nicht nur die bekanntesten Kaufleute der Ortschaft wurden für das revolutionäre Programm gewonnen, sondern auch der katholische Ortspfarrer, der Kommandant der Heimwehr, ein überzeugter Reaktionär mit dem Gehaben des alten Militärs, alles in allem eine wahrhaftige Nationale Union."

Eine Ausnahme machte einzig eine bestimmte Art von Politikern:

„Die *sozialistischen Parteiführer* wollen in Tirol, wie überall, von der Freigeld-Lehre nichts wissen, und haben den Bürgermeister oft gedrängt, von dieser fragwürdigen, im Parteiprogramm nicht vorgesehenen Schwundgeld-Sache abzustehen. Unterguggenberger läßt sich aber nichts vorschreiben."

Liegt in diesen Worten des Berner Religiössozialen von Muralt nicht eine leise Ironie? Sie wäre berechtigt. Die Sozialdemokraten haben wirklich eigenartig gehandelt, als sie diese Maßnahmen gegen den Streik des Kapitals abgelehnt haben, gegen den Streik des Geldes, mit dem das Kapital die Ausbeutung der Arbeit sichert und verewigt. Aber der Vorwurf ist nicht gerecht, wenn er nur gegen die Sozialisten gerichtet ist. Er gilt noch mehr für die Bürgerlichen. Denn weil die Bürgerlichen den Streik des Kapitals gegenüber der Arbeit nie zu brechen gewußt haben, gaben sie den Kommunisten den Weg frei zur Diktatur über das Proletariat, die nun die Diktatur des Geldsacks ablöste statt daß man das Geldwesen in Ordnung gebracht und dem bürgerlichen Staat durch den festen allgemeinen Preisstand eine solide Grundlage gegeben und ihn gleichzeitig aus den Fesseln des streikenden Kapitals befreit hätte.

Die zweite Sitzung – das Reglement

Die nächste Sitzung war auf den 5. Juli angesetzt worden. Hier wurde einer Art Reglement zugestimmt, das folgenden Wort laut hatte und später auch noch vom Gemeinderat – immer einstimmig! – genehmigt wurde.

1. Alle zur Krisenabwehr bereiten Frauen und Männer von Wörgl treten hiemit zur Nothilfe Wörgl zusammen.

2. Diese wird vom Wohlfahrtsausschuß durchgeführt und von der Gemeinde beaufsichtigt. In Durchführung der Nothilfe gibt der Wohlfahrtsausschuß Arbeitsbestätigungen heraus, die von den Teilnehmern an Zahlungsstatt gegeben und genommen werden.

3. Als Teilnehmer gilt, wer Arbeitsbestätigungen an Zahlungsstatt gibt und annimmt.

4. Die Arbeitsbestätigungen werden von der Gemeindekasse in Verwahrung genommen, wobei sie selbst in den Amtsstunden zum vollen Nennwerte gekauft und gegen Rücklaß von 2 % des Nennwertes (des Arbeitsbeschaffungsbeitrages) jederzeit rückverkauft werden können. Außerdem sind die Arbeitsbestätigungen auch beim Spar- und Darlehenskassenverein Wörgl jederzeit käuflich und verkäuflich.

5. Vom Wohlfahrtsausschuß und vom Gemeinderate wird je eine Vertrauensperson bestimmt, die gemeinsam mit dem Bürgermeister die Nothilfe leiten.

6. Die Auflage der Arbeitsbestätigungen wird dem jeweiligen Bedarfe angepaßt. Erstmalig besteht diese aus drei Nennwerten zu 1, 5 und 10 Schillingen Arbeitswert, wovon je 2000 Stück im Gesamtnominale von 32 000 Schilling aufgelegt werden.

7. Die einzelnen Stücke tragen die Farben: 1 Schilling gelb, 5 Schilling blau, 10 Schilling rot. Jedes Stück erhält vom Bürgermeisteramt einen Kontroll-Prägestempel, ohne welchen kein Stück in Verkehr gesetzt werden darf. Stücke, die den Prägestempel nicht tragen, sind ungültig.

8. Die Arbeitsbestätigungen werden mit einer Notabgabe von monatlich 1%, des Nennwertes belastet, die der jeweilige Besitzer durch Aufkleben einer entsprechenden Klebemarke zu Monatsbeginn zu tragen hat. Scheine, die bei Weitergabe die Notabgabemarken nicht voll tragen,

werden nur um den, den fehlenden Notabgabemarken entsprechend gekürzten Betrag in Zahlung genommen.

9. Die Teilnahme an der Nothilfe Wörgl ist freiwillig.

Vom Wohlfahrtsausschuß am 5. und vom Gemeinderat am 8. Juli 1932 einstimmig beschlossen."

Damit konnte man zur Ausgabe der „Arbeitswertscheine" schreiten, einer der zahlreichen Möglichkeiten, den Streik des Geldes zu brechen.

Als Treuhänder der Nothilfe Wörgl wurde bestimmt der Ortspfarrer Geistlicher Rat *Riedelsberger* und der Gemeinderat Dr. Stawa, zwei zuverlässige, angesehene und besonnene Männer, die allgemein geachtet waren.

Für den Aufklärungsdienst stellten sich zur Verfügung: Abgeordneter Johann *Astl*, Schulleiter *Federer*, Altbürgermeister *Gollner*, Kaufmann Hans *Kirschl*, Cafetier Ernst *Marchesani*, Kaufmann Johann *Riedhardt*, Hauptschuldirektor *Stricker*, Abgeordneter Martin *Pichler* und Kaufmann Konrad *Schwingshackl*.

Redaktor Hans *Burgstaller* von den „Wörgler Nachrichten" schrieb in seinem Blatte für die Aktion und veröffentlichte später darüber die erste aufklärende Broschüre.

Die Geldausgabe in Wörgl

Und nun konnte das Geld ausgegeben werden, 32 000 Schilling waren gedruckt, 2000 zu 1 Schilling, 2000 zu 2 und 2000 zu 10 Schilling.

Schon bevor das neue Geld in den Besitz des Wohlfahrtsausschusses gelangte, beschwerte sich die österreichische Nationalbank und behauptete, es sei *Geld,* was da gedruckt werde, und daher verstoße dies gegen das Notenmonopol, das allein der Nationalbank in Wien zustehe. Der Bürgermeister von Wörgl antwortete, das sei kein Geld – es seien nur „*Arbeitswertscheine*". Dabei lächelte er; denn er wußte: wenn man den Begriff

„Geld" in die Diskussion wirft, so stürzen sich alle Theoretiker darauf und werden nie einig, was „Geld" ist und ob diese „Arbeitswertscheine" Geld sind oder nicht. Bis dahin läuft das umstrittene Geld in Wörgl! – Und so war es auch.

Die Gemeinde kaufte am 31. Juli 1932 vom Wohlfahrtsausschuß die ersten 1000 Schilling und zahlte damit Löhne aus. Die vom Wohlfahrtsausschuß eingenommenen 1000 Schilling wurden der Ortssparkasse überwiesen, einer Raiffeisenkasse. Der Verkauf der Scheine, die „Geldausgabe" erfolgte im Gemeindeamt, die Einlösung in der Sparkasse gemäß Reglement.

Ein Heiterkeitserfolg!

Die erste Lohn- und Gehaltszahlung im Betrag von 1000 Schilling kehrte schon fast gleichen Tags wieder zur Gemeindekasse zurück: *es wurden Steuern bezahlt!* Am dritten Tag kommt einer gelaufen und ruft: „Herr Bürgermeister! Unsere Arbeitswertscheine sind gefälscht worden! Wir haben erst *1000* Schilling ausgegeben und schon sind *5100* Schilling an rückständigen Steuern einbezahlt worden! Es muß jemand die Scheine nachgemacht haben!" Bürgermeister Unterguggenberger lächelte nachsichtig. Er weiß, daß andere, größere Herren den gleichen Fehler machen werden. Daß aber selbst ein österreichischer Hofrat und Dozent der Nationalökonomie an der Universität Innsbruck, Prof. Dr. *Bundsmann*, die Erfolge der Gemeinde Wörgl mit ihrem umlaufenden Gelde als „Bluff" bezeichnen werde, weil er nicht verstehen konnte, wie man mit 1000 Schilling 5100 Schilling Steuern zahlen kann – daran hat der Bürgermeister von Wörgl sicher in jenem Augenblick nicht gedacht! – Aber wir wollen nicht vorgreifen. Jeder eingehende Schilling in Arbeitswertscheinen wurde sofort wieder zur Zahlung einer Rechnung gebraucht – und ist sofort wieder da – und geht sofort wieder weg: für *dieses* Geld steht eben auf seinem Streik eine Strafe!

In Österreich hielt damals die Nationalbank für die rund 6 Millionen Einwohner 914 Mill. im Jahresdurchschnitt im Verkehr, das sind pro Kopf 153 Schilling. Als in Wörgl am meisten Arbeitswertscheine ausgegeben

Das Wörgler-Freigeld
Unterguggenbergers „Arbeitswertscheine"

wurden, waren es 7443 Schilling oder pro Kopf nicht einmal 2 Schilling. Aber diese 2 Schilling pro Kopf haben in Wörgl in den Jahren 1932 und 1933 mehr Einkommen und Verdienst geschaffen als die 153 Schilling der österreichischen Nationalbank. Warum? Weil es das Geld war, das die Leute veranlaßte, es zu dem zu brauchen, zu dem es geschaffen worden war, zum Zahlen, zum Erledigen der Geldgeschäfte, zum Tauschen.

Ein Gegner des Freigeldes und des Versuches, A. *Hornung*, berichtete verdrießlich und sehr gegen seinen Willen:
„Das ausgegebene Notgeld war größtenteils schon nach wenigen Tagen wieder in der Gemeindekasse und konnte erneut durch die Gemeinde für Zahlungen verwendet werden. Die Gemeindekasse war mithin in der Lage, im Ausmaße des Rückflusses der Arbeitsbestätigungen ihre fälligen Schulden an die Gemeindeeinwohner zu bezahlen. Auch von ihnen kam das Geld bald wieder als Gegenwert von rückständigen Steuern und Abgaben herein, so daß man damit rechnen konnte, daß die 1600 Schilling Notgeld etwa zweimal wöchentlich durch die Gemeindekasse flossen."

Zweimal wöchentlich – das macht 104 mal im Jahr: Ein Schilling in Arbeitswertscheinen zahlte somit jährlich 104 Schilling Steuern. Aber dazwischen ging er auch noch von Hand zu Hand und zahlte Waren oder alte Schulden. Aber das begriff jener Ängstliche nicht und es begriffen es auch einige Gelehrte nicht. Immerhin haben sie zur Erheiterung der Mitwelt beigetragen, wenn sie sagen: mit 1000 Schilling kann man ohne Falschmünzerei nicht 5100 Schilling; in die Steuerkasse zahlen und mit 7440 Schilling kann man nicht 100 000 Schilling für Arbeitsbeschaffung aufbringen. Allerdings mit den gewöhnlichen Schillingen ging es und geht das recht oft nicht! Aber es geht mit dem Freigeld.

Der "Notenausweis" des Wohlfahrtsausschusses in Wörgl

Der Wohlfahrtsausschuß gab folgende Beträge in Arbeitsscheinen an die Gemeindekasse ab:

am 31. 7. 1932	Sch. 1 600.-
am 6. 8. 1932	500.-
am 6. 8. 1932	100.-
am 20. 8. 1932	2 300.-
am 28. 8. 1932	1 300.-
am 2. 9. 1932	1 500.-
am 17. 9. 1932	1 200.-
Summe Schilling	8 500.-

Diese Summe wurde nicht einmal gebraucht, wie die nachfolgenden Ausweise zeigen:

	Anfang	*Ende*	*höchst*	*tiefst*	*Mittel*
August 1932	1 537.-	5 849.-	5 849.-	1 518.-	3675
September	5 849.-	310.-	7 272.-	106.-	3375
Oktober	310.-	6 879.-	6 879.-	56.-	3525
November	6 879.-	5 943.-	7 443.-	5 208.-	6350
Dezember	5 943.-	6 003.-	6 003.-	5 024.-	5725
Januar 1933	6 003.-	6 112.-	6 112.-	3 599.-	5450
Februar	6 112.-	5 900.-	6 112.-	5 342.-	5650
März	5 900.-	5 862.-	5 950.-	4 848.-	5625
April	5 862.-	5 725.-	5 979.-	5 425.-	5750
Mai	5 725.-	5 968.-	5 977.-	4 946.-	5675
Juni	5 968.-	6 016.-	5 151.-	5 272.-	5875
Juli	6 016.-	6 068.-	6 077.-	4 978.-	5800
August	6 068.-	6 141.-	6 141.-	5 008.-	5825
September	6 141.-	5 844.-	6 141.-	5 340.-	5825

Wie lächerlich – so denkt der Bürger, der nichts von der Bedeutung der *Umlaufsgeschwindigkeit* des Geldes für die Wirtschaft ahnt – wie lächerlich klein sind doch diese Summen! Aber was ist mit Hilfe dieser Summen möglich geworden! Mit Hilfe der bei der Gemeinde eingehenden Rückstände, die jetzt bezahlt werden konnten, mit Zuschüssen aus der Arbeitslosenfürsorge und aus dem Notstandskredit des Bundes im Betrag von 12 000 Schilling konnte das vorgesehene Arbeitsbeschaffungsprogramm durchgeführt werden. Die ursprünglich vorgesehenen Beträge konnten sogar weit überschritten werden. Hans *Burgstaller* berichtet darüber:

„Das erste Bauvorhaben wurde am 11. Juli 1932 begonnen. Es umfaßte die Kanalisierung der Jahnstraße und Brixentalerstraße, die Straßenarbeiten an der oberen und unteren Bahnhofstraße, am Kirchplatz und an der Schachtnerstraße, sowie die Asphaltierung dieser Straßen mit

Ausnahme der Brixentaler- und Schachtnerstraße. Die Arbeiten waren am 29. Oktober 1932 beendet.
Der Gesamtaufwand betrug 31 222.42 Schilling.

Das zweite Bauprogramm umfaßte die Asphaltierung der Schachtner- und Brixentalerstraße, die Ausgestaltung der Premstraße, sowie die Rohr- und Randsteinerzeugung auf Lager. Der Gesamtaufwand betrug 43 385.61 Schilling.

Außer diesen Arbeiten wurden noch durchgeführt:

Asphaltierung der Premstraße und des Hauptschuleinganges
1 618.00 Schilling.
Verschiedene Straßen- und Wegbauten außerhalb des Ortes
6 770.00 Schilling.
Kanalisierung des Gemeinde- und Volksschulhauses
1 201.10 Schilling.

Die normalen Erhaltungsarbeiten an Straßen und Wegen, die im Rahmen der Notstandsarbeiten geleistet wurden, betrugen rund 9 000.- Schilling Für den Bau einer neuen Skisprungschanze wurden 500 Arbeitsschichten aufgewendet, eine Notstandsküche eingerichtet, ein Waschhaus und Holzhaus zur Gemeindemühle errichtet. Für diese Arbeiten betrugen die Baukosten ca. 4 000.00 Schilling.

Eine weitere Folge der Notstandsarbeiten ist die Umgestaltung der Bahnhofzufahrtsstraße, die in ihrer verbreiterten Form, der neugeschaffenen modernen Beleuchtung und den anschließenden Parkanlagen jedem Besucher Wörgls schon beim Eintritt in den Ort beredtes Zeugnis von der „Wörgler Aktion" gibt. Diese Arbeiten verursachten einen Kostenaufwand von ca. 5 000.00 Schilling.

Für die Notstandsarbeiten wurde daher aufgewendet ein Gesamtbetrag von 102 197.13 Schilling.

Die Lohnzahlungen für diese Arbeiten erfolgten ausschließlich in Arbeitswertscheinen. Sie wanderten von der Gemeinde zum Baumeister, vom Baumeister zum Arbeiter, von diesem zum Händler oder Erzeuger und wieder zurück."

Dr. Alfred *Hornung* will das nicht wahr haben. Er findet, das sei „ein ganz unwahrscheinlicher Erfolg" des doch „geringfügigen Schwundgeldumlaufs". *Hornung* verwechselt eben, wie das die Währungsspezialisten der alten Zeit immer wieder tun, den Geld*bestand* mit dem *Geldumlauf*. Um den *Geldbestand* in einem Jahr zu erhalten, braucht man bloß die Ausweise der Notenbank zu kennen – um den Geld*umlauf* zu erfahren, müßte man diesen Geldbestand multiplizieren mit der Zahl der Handänderungen, welche diese Summe im gleichen Jahre erfahren hat. Hier kann man nur mit Mutmaßungen, mit Beobachtungen und Feststellungen arbeiten. Hornung schreibt selber, daß die Arbeitswertscheine durchschnittlich in der Woche 2 mal in die Gemeindekasse zurückgeflossen seien. Wenn sie dazwischen noch je 3 mal, in der Woche also 6 mal die Hand gewechselt haben, so macht das für jeden Schilling noch 6 weitere Zahlungen, zusammen also 8 in der Woche oder 52 mal 8 im Jahr = 416 im Jahr.

Der langjährige Präsident des Generaldirektoriats der schweizerischen Nationalbank, Prof. Dr. G. *Bachmann* schätzte in seinen Vorlesungen an der Hochschule in Zürich, daß der Franken als Konsumgeld in den Händen des Volkes etwa 200 mal im Jahr die Hand wechsle. Man sieht hier, daß die Tauschleistung des Geldes in Wörgl mehr als doppelt so hoch eingeschätzt werden müßte als die Tätigkeit eines normal umlaufenden Frankens. Der österreichische Schilling aber lief 1932 nicht einmal normal um, sondern blieb in der Hand jedes Menschen liegen, der ihn nicht unbedingt sofort ausgeben mußte, in Erwartung eines weiteren Preisabbaus! Wie groß da die Unterschiede sein können, ergibt sich aus den Angaben der Schweizerischen Nationalbank über das Verbleiben eines Frankens auf dem Girokonto dieser Bank: es schwankt zwischen 0,6-0,8 Tagen in den Jahren des Preisanstieges 1910/13 und 1927/29 einerseits und 18,5-30,0 (!) Tagen in den Jahren des erwarteten Preisrückganges 1932 (!) und 1938 andererseits! Der Unterschied in der Umlaufsgeschwindigkeit verhält sich also wie 1 zu 50! Mit andern Worten: Der „Geldumlauf" – der

Freigeld-Verkehr an der Raiffeisenkasse in Wörgl

„Noten-Umlauf", wie unaufmerksame Bankfachleute und Nationalökonomen den Geldbestand oder Notenstand eines Landes bezeichnen, kann sich im Verhältnis von 1 : 50 in seiner Größe verändern, ohne daß dies in den Zahlen ihrer Statistik zum Ausdruck kommt!

Die Nationalökonomen, welche über Wörgl schrieben, haben festgestellt, daß der Notenstand der Nationalbank in Wien im Jahre 1932 auf jeden Österreicher durchschnittlich 153 Schilling ausgemacht habe, während im Mittel der 12 1/2 Monate vom August 1932 bis 15. September 1933 pro Kopf der Wörgler Bevölkerung durchschnittlich nur 5490 Schilling in Arbeitswertscheinen umliefen, pro Kopf also höchstens 1,3 Schilling. Wenn man aber in Betracht zieht, daß diese Arbeitsscheine umgelaufen sind, während das österreichische Staatsgeld träge auf den weiteren Preisabbau wartete, so bekommt diese Sache ein anderes Gesicht. Die 5490 Schilling vermitteln, wenn sie im Jahr 416 mal die Hand wechseln, was stimmen kann, in 13 1/2 Monaten jeder für 464 Schilling Umtausch von Waren oder von Arbeitskräften oder von Zahlungen. Das macht für die 5490 Schilling in Freigeld 2 547 360 Schilling! Diesen *wirklichen* Geld*umlauf* bezeichnet Hornung als „geringfügig"! Setzen wir neben diese Tätigkeit des Wohlfahrtsausschusses von Wörgl mit seinem Freigeld die arbeits und umsatzhindernde *Untätigkeit* der österreichischen Nationalbank, des Dr. Kienböck und seiner „Vereinigung für gesunde Währung" in Österreich, so erhalten wir das folgende Bild:

Monat	*Notenstand*	*Preisstand*	*Arbeitslosigkeit in 1000*
August 1932	915	107	334
September	902	108	345
Oktober	903	108	370
November	880	107	410
Dezember	914	107	450
Januar 1933	872	106	478
Februar	859	105	480
März	919	104	456
April	912	104	423
Mai	898	105	392
Juni	893	106	381
Juli	903	105	375
August	900	105	366

In Deutschland sank der Notenstand in der gleichen Zeit von 3817 auf 3625 Millionen und der Preisstand von 120 auf 119, die Zahl der Arbeitslosen kann nicht mehr genau angegeben werden, weil die Statistik die Ausgesteuerten nicht zählt... In der Schweiz wurde der Notenstand von 1561 auf 1419 Millionen gesenkt, der Preisstand von 137 auf 131; infolge dieser Deflation stieg die Zahl der Arbeitslosen von 7,6 auf 7,8 % der Beschäftigten oder von 1932 auf 1933 von 54 366 auf 67 867...

In Wörgl aber sank die Zahl der Arbeitslosen in der gleichen Zeit um *25%*! Diese Angabe stammt nicht etwa vom Bürgermeisteramt, sondern von Dr. A. Hornung!

Im Rahmen der Notstandsarbeiten mithilfe von Wörgler Freigeld finanziert: die 1933 neu gebaute Brücke über der Wörgler Bach als Zufahrt für das Hochtal Wildschönau.

Die „Deckung" des Wörgler Geldes

Um die ängstlichen Gemüter zum vornherein zufrieden zu stellen, hatte ihnen der kluge Bürgermeister zugesichert, daß das ausgegebene Geld *„hundertprozentig gedeckt"* sein werde. Die Treuhänder der Nothilfe waren verpflichtet, das Notgeld gegen bar an die Gemeindekasse abzugeben. Dieses Bargeld hatten sie ihrerseits auf ein besonderes Konto bei der Raiffeisenkasse Wörgl einzuzahlen. Dort, so meint der geneigte Leser vermutlich, blieb es liegen, wie eben eine Deckung der Noten vermutlich liegen bleibt. Aber Alex von *Muralt* verrät uns:

„Wie mir vom Direktor dieser Kasse mitgeteilt wurde, ist dieses Geld in der Form von Sichtwechseln an solide Grossisten zum Zinsfuß von 6% weiter verliehen worden!" Und er weiß weiter noch zu berichten: „Diese 6% fließen in toto der Gemeindekasse zu, da die Ortssparkasse für all ihre Arbeit kein Entgelt verlangt, weil es sich um ein Unternehmen gemeinnütziger Art handelt."

Daraus geht hervor, was Dr. A. Hornung und allen den Gelehrten entgangen ist, daß auf diese Weise das Geld, das für die Deckung bestimmt war, *dreifach* umlief: als Arbeitswertscheine, als Wechsel und als gegen Wechsel ausgeliehenes Geld – womit noch einmal besser erklärt wird, warum das Wirtschaftsleben von Wörgl in dieser Zeit einen so unerklärlichen Aufschwung genommen hat!

Was berichten die Augenzeugen?

Ein Bericht stammt aus der Feder eines Dipl.-Ingenieurs der Eidg. Technischen Hochschule Zürich, Claude *Bourdet*. Unter dem Titel „Ein neues Mekka der Volkswirtschaft – Wörgl, oder das Schwundgeld" schreibt er in der „Illustration", Paris, in der Nummer vom 9. September 1933, S. 56/57 über das, was er in Wörgl gesehen hat:

„Ich habe Wörgl im August 1933 besucht, also genau ein Jahr nach Beginn des Experiments. Man muß ganz unparteiisch anerkennen, daß das Ergebnis ans Wunderbare grenzt. Die früher für ihren grauenhaften Zustand verschrieenen Straßen gleichen jetzt Autostraden. Die Bürgermeisterei – schön restauriert, fein herausgeputzt, reizendes Chalet mit blühenden Geranien. Eine neue Betonbrücke trägt die stolze Inschrift „Erbaut mit Freigeld im Jahre 1933". Überall sieht man die neuen modernen Straßenleuchter wie an der Silvio-Gesell-Straße. Die Arbeiter, die man auf den zahlreichen Bauplätzen trifft, sind samt und sonders fanatische Freigeldler. Ich bin in den Läden gewesen: überall nimmt man die Arbeits-Bestätigungsscheine zum gleichen Wert an wie das offizielle Geld. Die Preise sind nicht gestiegen. Man hat dem Wörgler Experiment die Möglichkeit der Kapitalbildung absprechen wollen und wollte darin nur eine verkappte, neuartige Ausbeutung des Steuerzahlers erblicken. Hier scheint ein kleiner Irrtum vorzuliegen. Man hat seit Menschengedenken nicht erlebt, daß der Steuerzahler nicht mit letzter Energie protestierte, wenn man ihm seine Taler abnahm. Nun, in Wörgl protestiert niemand. Im Gegenteil, man zahlt seine Steuern zum voraus, man ist begeistert über das Experiment, und man beklagt sich bitter, daß die Nationalbank neue Notenausgaben hintertreibt. Es ist unmöglich, die allgemeine Besserung der Lage in Wörgl nur einer „neuen Steuerform" zuzuschreiben.

Man kann eher mit dem Bürgermeister der Meinung sein, daß das neue Geld seine Funktion weit besser erfüllt als das alte. Ich überlasse es den „Sachverständigen", darüber zu urteilen, ob trotz der 100 prozentigen Deckung eine Inflation vorliegt. Jedenfalls ist eine Preissteigerung, erstes Zeichen der Inflation, in keiner Weise eingetreten.

Was das Sparen betrifft, kann man sagen, daß das neue Geld das eigentliche Sparen auf Kosten des Geldhamsterns fördert. Es ist sehr unvorteilhaft geworden, das Geld bei sich einzusperren, aber man kann dem Schwund entgehen, indem man es ganz einfach auf die Sparkasse bringt.

Wörgl ist eine Art Wallfahrtsort für Volkswirtschafter aus aller Herren Länder geworden. Man kennt sie gleich an ihren gelehrtenhaften Allüren, wenn sie in den schön gepflegten Straßen Wörgls oder auf den Gasthausterrassen diskutieren. Die Bevölkerung von Wörgl, stolz auf ihren neuen Ruhm, empfängt sie mit Freuden."

Aufschlußreich ist auch die Berichterstattung eines Mitgliedes des gewählten Stadt- und Kantonsrates von Bern, Fritz *Pfister*, der zusammen mit einem Lehrer bei verschiedenen Geschäftsinhabern und Personen Erkundigungen über das neue Geld einzog und an Ort und Stelle genau aufschrieb, was ihm gesagt wurde. Er veröffentlichte darüber folgende Zusammenstellung (in „Geld und Arbeit", 1933, S. 133):

Die Geldreform von Wörgl: Wie sie das Volk beurteilt

Wir gingen in Wörgl von Haus zu Haus, von Laden zu Laden und stellten den Leuten 12 Fragen.

1. Frage: Bestand nach Ihrer Meinung eine Möglichkeit, anders als durch diese Geldreform aus der schwierigen Lage zu kommen?
Direktor: Die Gemeinde hatte keine andere Möglichkeit, die Krise zu mildern. – Präsident des Gewerbeverbandes: Da die Gemeinde verpfändet hatte, was zu verpfänden war, bestand keine andere Möglichkeit zu helfen. Wenn wir dieses Geld nicht hätten, wäre überhaupt kein Geschäft mehr. – Polizeiinspektor: Das einzige, was der Gemeinde helfen könnte, wäre die

Placierung einer Staatsbehörde nach Wörgl. Sonst hat die Gemeinde keine Zukunft. Pfarrer: Durch die guten Steuereingänge kam wieder Schwung in die Maßnahmen zur Milderung der Krise. Die Gemeinde konnte nichts anderes tun. – Oberlehrer: Die Gemeinde war in einer aussichtslosen Zwangslage. – Spengler: Absolut keine andere Möglichkeit. – Schneider: Nein! – Warenhausbesitzer: Etwas anderes war nicht möglich. – Apotheker: Nein, sonst wären wir nicht auf dieses Mittel verfallen. – Bierdepothalter: Nein, die Gemeinde ist sozusagen über Nacht arbeitslos geworden. Da hat dieses Geld sehr erleichternd gewirkt und Arbeiten ermöglicht, an die man sonst nicht hätte denken können. – Arzt: Eigentlich – nein! Es war eine sehr gute Idee. – Kinobesitzer: Nicht gut!

2. Frage: Was wurde von der Aktion erwartet?

Direktor: Es ist möglich, daß der Gemeinderat von der Aktion mehr erwartete. Aber die Furcht, die durch die ständig wiederholten Verbote ausgelöst wurde, verhinderte einen größeren Erfolg. Pfarrer: Es ist möglich, daß man einen größern Erfolg erwartet hat. – Krämer: Die Überwindung der Geldknappheit – und das ist ja auch gelungen.

3. Frage: Wie wurde die Sicherheit dieses Geldes beurteilt?

Präsident des Gewerbeverbandes: Die meisten Leute nahmen das Geld ohne weiteres an. Ich betrachtete es als ganz sicher und würde bedauern, wenn es wieder verschwände. – Polizeiinspektor: Zuerst war ich skeptisch. Bei einem Einbruch hat ein Dieb nur das österreichische Geld mitgenommen, das Wörgler Geld fortgeworfen. Es muß daher ein Fremder gewesen sein, ein Einheimischer hätte es genommen. – Pfarrer: Die Sicherheit des Geldes wurde nicht angezweifelt, weil man wußte, daß die Deckung vollständig klar war. -Schneider: Ich hatte nichts davon gewußt, daß solches Geld herauskommt, ich nahm es aber ohne langes Besinnen an. – Krämer: Ohne Widerstand angesichts des guten Zwecks. Die monatliche Abgabe und die 2 Prozent Verlust beim Einlösen kommen ja in die Armenkasse. -Schuhmacher: Dadurch hat mancher wieder Geld gehabt und hat etwas machen lassen, was ihm bei der Arbeitslosenunterstützung nicht möglich war. Und am Gelde selbst ist nichts zu verlieren, weil es die Gemeinde einlöst. – Apotheker: Ohne Widerspruch im großen und ganzen. Die Geschäftsleute nahmen es schon aus Konkurrenzgründen an, besonders als einige Plakate heraushängten: „Hier wird Notgeld angenommen". – Bierdepothalter: Ein Drittel unserer Einnahmen ist Notgeld. Das Geld läuft um. Jedes Geschäft wird ermöglicht, was sonst nicht der Fall war. – Arzt: Es wurde im ganzen gut angenommen. Nur Geschäftsleute, die viel einnehmen, nahmen es nicht gern.

4. Frage: Brauchten Sie das Geld, um Waren zu kaufen oder tauschten Sie es gegen gesetzliches Geld um?

Apotheker: Ich habe pro Monat 100 bis 200 Schilling in Arbeitsscheinen eingenommen. Das Notgeld stört den Betrieb nicht im geringsten. – Kaufmann: Ich habe die Belebung des Geschäftsganges sehr deutlich gespürt und brauchte mehr als die Hälfte der Scheine, um Waren zu kaufen oder andere Auslagen zu decken. Verwalter: Kommt unsere Fabrik wieder in Betrieb, so würden wir nicht zögern, der Gemeinde die Scheine abzukaufen, um die Löhne an die Arbeiter zu bezahlen. – Spengler: Etwas wurde wohl umgetauscht, aber sonst wurden Rechnungen und Steuern bezahlt und Waren gekauft. – Schneider: Ich kaufte Waren und habe selbstverständlich einen Einfluß auf meinen Geschäftsgang gespürt. Durch die ermöglichten Notstandsarbeiten brauchten die Leute Kleider. Sie kamen zu mir, bezahlten mit Notgeld, und so konnte ich wieder Licht, Wasser und Steuern bezahlen. – Warenhausbesitzer: Zum allergrößten Teil wurden sicher Waren gekauft. Das ist der wesentlichste Vorteil! Das Geld bleibt in der Gemeinde, es gibt keine Schiebereien. Der ansäßige Kaufmann hat etwas davon. Die 2 Prozent Abzug beim Einlösen der Scheine können wieder eingespart werden, weil das Geld zur Verfügung steht und man damit des Skontos teilhaftig wird. – Arzt: Wenn ich Notgeld habe, gebe ich es meiner Frau, damit sie es dem Bäcker oder Krämer bringt.

5. Frage: Wie wurde das Geld von der Bevölkerung angenommen?

Spengler: Gut. Es fehlt etwas an theoretischem Verständnis. Warenhausbesitzer: Ohne Bedenken. – Bierdepothalter: Gut, sogar vom Wirt in Kundl. – Kinobesitzer: Ich nehme es gerne. Gegen Ende der Notstandsarbeiten im Januar hatte ich 10 Prozent der Einnahmen Notscheine. Jetzt sind es schon 24 Prozent. Ich hatte bestimmt eine Steigerung meiner Einnahmen nur durch die Notscheine, von Leuten, welche sonst nicht gekommen wären. -Kaufmann: Beim gewöhnlichen Geld kam es oft vor, daß Leute, die über Geld verfügen, um die Schulden zu bezahlen, den Kaufmann warten ließen, nur um von der Sparkasse Zins zu erhalten.

6. *Frage:* Glauben Sie, daß eine Mehrzirkulation oder eine Ausdehnung des Geldes über die Gemeinde hinaus wünschbar wäre?

Pfarrer: Bei einer Ausdehnung des Gebietes wäre der Erfolg sicher. – Oberlehrer: Vielleicht würden die Verrechnungen Schwierigkeiten geben. – Verwalter: Bei größerem Zirkulationsgebiet wäre ein guter Erfolg zu erzielen. – Direktor: Bei einer Erweiterung des Gebietes wäre ein guter Erfolg zu erwarten. Präsident des Gewerbeverbandes.- Ein guter Erfolg bei Ausdehnung des Gebietes ist zweifellos. – Polizeinspektor: Eine Erweiterung des Gebietes brächte sicher einen guten Erfolg. – Spengler: Ja, wenn alle mitmachen würden. -Schneider: Unbedingt. Warenhausbesitzer: Ganz sicher. – Apotheker: Ja. Der Erfolg war schon in kleinem Kreis viel größer als ich ihn mir vorgestellt hatte. Vorher war ich sehr skeptisch und war nachher überrascht, wie trotz schlechten Zeiten nun die Steuern eingingen.

7. *Frage:* Betrachten Sie die erreichten Resultate als Erfolg?

Kaufmann: Ich halte die Aktion als einen Beweis dafür, daß Freigeld lebensfähig und vorteilhaft ist. – Direktor: Ich betrachte die Aktion als Erfolg. Wenn der Bürgermeister seinen Willen durchsetzen kann, wird er sicher noch viele Arbeiten für die Gemeinde durchführen können. – Präsident des Gewerbeverbandes: Der Erfolg ist unbestreitbar. – Polizelinspektor: Das ganze bedeutet sicher einen Erfolg. – Spengler: Ganz bestimmt, es war ein überraschender Erfolg. – Warenhausbesitzer: ja, vor allem auch, weil die Summe, die umläuft, eigentlich recht klein ist und die Gemeinde auch nur etwa 4000 Einwohner zählt. – Apotheker: Gewiß. – Bierdepothalter: Unbedingt. – Arzt: Ja. Die ganze Aktion ist nur

zu begrüßen. Ich verstehe nicht, warum der Widerstand der Regierung so groß ist.
– Kinobesitzer: Gewiß. Man sieht, daß etwas geschaffen wurde.
8. Frage: Haben Sie Klagen gehört?

Arzt, Kinobesitzer, Kaufmann, Direktor, Pfarrer, Verwalter, Präsident des Gewerbeverbandes, Polizeiinspektor, Schneider, Warenhausbesitzer: Nein. – Direktor, Apotheker und Bierdepothalter: Die Marken sollten besser kleben.

9. Frage: Wurden mit dem Geld in der Gemeinde Waren gekauft, die sonst auswärts gekauft worden waren?

Direktor: Sicher haben Leute mit den Arbeitswertscheinen in der Gemeinde Waren gekauft, die sie sonst auswärts gekauft hätten. – Präsident des Gewerbeverbandes: Man kann nicht feststellen, ob Leute, die sonst Waren von auswärts kauften, mit den Arbeitswertscheinen in Wörgl kauften. – Arzt und Kinobesitzer: Da weiß ich nichts. – Warenhausbesitzer: Bestimmt weiß ich es nicht, auf alle Fälle kann mit dem Geld nur in der Gemeinde gekauft werden. – Apotheker, Bierdepothalter: Das Geld bleibt in der Gemeinde.

10. Frage: Können Sie Verbesserungsvorschläge machen?

Bierdepothalter: Das Papier ist etwas schlecht. – Apotheker. Ich würde vorschlagen, beim Einlösen der Scheine einen Abzug von 5 Prozent, statt wie jetzt einen Abzug von 2 Prozent zu machen. (Alle andern sind zufrieden.)

11. Frage: Wird der Geschäftsbetrieb durch das Geld mit Marken erschwert?

Kaufmann: Nicht im geringsten. – Geschäftsmann: Meine anfängliche Befürchtung, die Sache werde kompliziert, war grundlos. – Spengler, Schneider, Warenhausbesitzer. – Nein, durchaus nicht. Es ist ja Geld eigentlich wie anderes auch. Apotheker: Der Verkehr vollzieht sich reibungslos. – Arzt und Bierdepothalter: Nein. – Kinobesitzer: Nicht im geringsten. Nur eine Steigerung des Verkehrs war festzustellen.

12. Frage: Wie stellen Sie sich zum Verbot des Wörgler Freigeldes?

Direktor: Wenn der Bürgermeister seinen Willen durchsetzen kann, wird er sicher noch viele Arbeiten für die Gemeinde durchführen können. Statt die Sache zu verbieten, wäre es besser, auf größerem Gebiet weiterzufahren. – Präsident des Gewerbeverbandes: Ich bin ganz entschieden gegen das Verbot. Lieber einsperren lassen als mit der Aktion aufhören. -Pfarrer: Ich bin gegen das Verbot. Mit dem Notgeld könnte die Industrie belebt werden. – Verwalter: Ich bin gegen ein Verbot. – Spengler: Das Verbot wird für uns ein Nachteil sein. Schaden hat bisher niemand gehabt. Bis dahin wurde immer nur geredet; unser Bürgermeister hat nun einmal gehandelt und nicht nur geredet. – Schneider: Ich wünsche die Fortsetzung. Die Sache ist ja so einfach, daß ein kleiner Schüler sie verstehen kann. -Warenhausbesitzer: Da wird wohl nicht viel dagegen zu machen sein. Vom Standpunkt des Geschäftsmannes aus ist das Notgeld sehr zu begrüßen. Bierdepothalter: Das Verbot wäre ein großer Nachteil für Wörgl. – Arzt: Das Verbot wäre blödsinnig, weil ja niemand geschädigt wird. – Kinobesitzer – Der Bürgermeister ist ein schlauer Kerl, er läßt sich nicht erwischen. Ich hatte zu Anfang dieses Jahres die Wahl zwischen drei Kinos, in Kundl, in Kirchbichl und hier. Ich wurde gewarnt, hier sei Notgeld. Ich dachte, dann sei hier etwas zu machen und entschloß mich gerade aus diesem Grunde für Wörgl.

Fritz Pfister schreibt abschließend: „Wie man sieht, lehnte in Wörgl niemand diese Aktion ab. Alle darauf bezüglichen Beschlüsse sind im Gemeinderat immer einstimmig gefaßt worden. Immerhin wollen wir doch die einzige Ausnahme erwähnen: Ein etwa 60jähriger, fester, grauer Mann mit imposanter Hornbrille redete sich in einen großen Eifer hinein. Wir begriffen allerdings nicht so recht, was er eigentlich Sachliches dagegen vorzubringen hatte. Als wir nachher den Polizisten nach „Nam' und Art des großen Unbekannten" fragten, tippte er mit dem Zeigefinger vielsagend zweimal auf die Stirne und schüttelte lächelnd den Kopf.

Herr *Hutterer*, Präsident des Gewerbeverbandes in Wörgl, antwortete auf unsere Fragen nach den Erfahrungen, die er und seine Berufskollegen mit dem Freigeld machten, das dort im Juli letzten Jahres eingeführt wurde, folgendes:

„Wenn wir dieses Geld nicht hätten, wäre hier überhaupt kein Geschäft mehr möglich. Da die Gemeinde verpfändet hatte, was zu verpfänden war, bestand keine andere Möglichkeit zu helfen. Ich erwartete nicht mehr vom Freigeld; ich habe pro Woche 50 Schilling mehr eingenommen als vorher. Die meisten Leute nahmen das Geld ohne weiteres an. Nur der eine oder andere hat gezögert. Ich betrachte das Geld als vollkommen sicher und würde es bedauern, wenn es verschwände. Ich bezahle die Arbeiter mit Arbeitswertscheinen. Einen Teil verwende ich für Lebensmittel für meine Haushaltung. Der Erfolg ist unbestreitbar. Klagen habe ich nicht vernommen. Man kann nicht feststellen, ob Leute, die sonst Waren von auswärts kauften, mit den Arbeitswertscheinen in Wörgl kauften. Ich habe keine Verbesserungsvorschläge zu machen. Ein guter Erfolg bei Ausdehnung des Gebietes ist zweifellos. Der Geschäftsbetrieb wird nicht gestört. Ich bin ganz entschieden gegen das Verbot: *lieber einsperren lassen als aufhören mit dieser Freigeldaktion.*"

In der religiös-sozialen Presse der Schweiz veröffentlichte Dr. Alex von *Muralt* eine längere Studie über seine Beobachtungen in Wörgl. Er faßte die Ergebnisse wie folgt zusammen:

„Das Notgeld wird in Wörgl in allen Geschäften in gleicher Weise wie gutes Geld angenommen. Die Kaufleute sind allerdings nicht sehr erbaut, daß ihnen ein kleiner Verlust von 1 Prozent am Ende des Monats, wenn sie das Geld nicht weitergeben können, droht, oder von 2 Prozent, wenn sie es umwechseln müssen. Sie nehmen das gewöhnliche Geld lieber; aber die meisten sind doch Anhänger des Experiments, weil sie eine leichte Steigerung der Umsätze – oder einen geringeren Rückgang, als zu erwarten war, festzustellen glauben. Ein Lebensmittelhändler klagte, daß der Engros-Händler, von dem er seine Waren bezieht, sich nur zu 50 Prozent in Schwundgeld zahlen läßt. Dies wurde mir von dem betreffenden Herrn, Kommerzialrat St. bestätigt, der mir auch erklärte, daß er Ende des Monats das Notgeld nur unter Abzug von 1 Prozent annehme, da das Engros-Geschäft solche Verluste nicht tragen könne.

Obschon das Notgeld für seine Firma keinen nennenswerten Vorteil bringe, ist Kommerzialrat St. ein Anhänger des Systems, das die Gemeinde vor einer Katastrophe gerettet habe, und das man auf einem größeren Wirtschaftsgebiet, z. B. im Land Tirol, durchführen sollte, weil erst dann die Befruchtung der Wirtschaft durch die erhöhte Umlaufsgeschwindigkeit des Schwundgeldes voll in Erscheinung treten könnte. Ähnlich günstig äußerte sich ein Bürstenladenbesitzer H., Mitglied der Tiroler Gewerbe- und Handelskammer. Auch er ist überzeugt, daß die Übertragung des Versuches auf das ganze Land einen Aufschwung der Wirtschaft bringen würde.

Von einer Steigerung der Warenpreise war nichts festzustellen, es sei denn, daß der Milchpreis in einem kleinen Weiler südlich Wörgls um 2 Groschen niedriger angegeben wurde, was vermutlich mit rein lokalen Verhältnissen zusammenhängt. In Innsbruck und Kitzbühel fand ich dieselben Preise für die wichtigsten Lebensmittel. Eine inflationistische Wirkung im Sinne der Preiserhöhung hat nicht stattgefunden."

Eduard Daladier besucht auch Wörgl

Im Jahre 1923 hatte Eduard *Daladier* zusammen mit *Herriot* Rußland bereist. Das Ergebnis dieser Reise war die spätere Ablehnung der russischen Revolution und eine scharfe Abkehr Daladiers vom kommunistischen Wirtschaftssystem.

Im Sommer 1933 kam er auch nach Wörgl, um hier das Ergebnis dieser Geldreform zu sehen. Nach Frankreich zurückgekehrt, hielt er auf dem Kongreß der Radikalsozialisten am 15. April 1935 in *Nantes* eine Rede, die überall in ähnlicher Weise entstellt wiedergegeben wurde wie etwa Gesells Lehren anläßlich der Volksabstimmung über die Kaufkraft-Initiative im Frühjahr 1951 in der Schweiz. Die Zeitungen berichteten, daß Caillaux, der Advokat der Hochfinanz und der Goldwährung in dieser Partei, während den Ausführungen von Daladier abwechselnd den Kopf geschüttelt oder ihn mit beiden Händen gestützt hätte. Wir zitieren Daladiers Rede nach dem Originaltext.

Einleitend führte Daladier an, er werde „eine wirtschaftliche und geldtheoretische Lehrmeinung zeigen können, die berufen sei, die Bewegung von 1789 in wirtschaftlicher Hinsicht wieder aufzunehmen". Es sei möglich geworden, „eine erweiterte, ja verhundertfachte Güterherstellung durch ein neues Geld hervorzubringen". Bisher sei „infolge der Durchsetzung der Verwaltungsräte, infolge des wechselnden Einflusses der Bank, die Aktien in Umlauf setzte und den Kredit verwaltete, in diesem Land der individualistischen Demokratie – in Frankreich – 200 Familien die unbestrittenen Gebieterinnen nicht allein der französischen Wirtschaft, sondern auch der französischen Politik selbst geworden". (Lebhafter Beifall!) Solche Gebilde hätte nicht einmal Richelieu im Königreich Frankreich geduldet, und so sei alles in Aufruhr versetzt worden.

Daladier fuhr fort: „Ich hätte sicherlich nicht darüber gesprochen, wenn ich nicht in der Lage wäre, dieser Kritik *ein Aufbauprogramm* folgen zu lassen, das eine Fortsetzung der Bewegung von 1789 in wirtschaftlicher Hinsicht bedeutet." – „Ich halte von Tag zu Tag weniger von einer sogenannten Planwirtschaft. Wie sagte doch Proudhon 1848 in seinem berühmten Aufruf an die Arbeiter von Luxemburg? Wenn ihr an die Stelle eines Monopols ein anderes setzt, an die Stelle einer Vereinigung eine andere, werdet ihr schließlich, wie lauter eure Absichten auch sein müssen, vor denselben Zerstörungen, vor denselben Ruinen stehen. Wenn Sie die Planwirtschaft durch die Herrschaft einer einzigen Partei oder einer einzigen Klasse verwirklichen wollen, dann werden Sie hingedrängt zur politischen Diktatur, zum Faschismus, zur Zerstörung des Aufbauwerkes der französischen Revolution."

„Unsere heutige Wirtschaftskrise ist eine Umsatzkrise. Man kann nicht sagen, daß wir es mit einer durch Überproduktion verursachten Krise zu tun haben, denn den Mengen von Getreide und sonstigen Waren, die man vernichtet, stehen Millionen Menschen gegenüber, die des Hungers sterben! *Es handelt sich um eine Umsatzkrise, die wir in dem Maße überwinden werden, als wir die Kaufmöglichkeiten des Volkes herstellen und zur Entfaltung bringen werden."*

„Ein nationales Arbeitsprogramm soll auch *der Geldhamsterung ein Ende bereiten.* Das Geld spielt im Wirtschaftskörper dieselbe Rolle wie das Blut im Körper des Menschen. Soll der Körper seine verschiedenen Lebensfunktionen erfüllen, muß der Kreislauf des Blutes ungehemmt vor sich gehen. So ist es auch notwendig, daß das Geld umläuft, damit die allgemeine Beschäftigung zur Wirklichkeit werde."

„Ich behaupte, daß man der Krise nicht Herr wird, solange man das *Geldwesen* nicht in der Hand hat, und ich betrachte sowohl die Inflation als auch die Deflation als einen Betrug; es ist das eine so falsch wie das andere. Nur durch die Anpassung des Geldumlaufs an das Warenangebot wird man der Umlaufskrise abhelfen und dadurch dem kleinen Gewerbe, dem kleinen Handel Frankreichs Hilfe bringen, deren Zusammenbruch durch die Krisenbestrebungen des Großkapitals verursacht wird." (Beifall!)

„Ich will ihnen einen bemerkenswerten Versuch zur Prüfung unterbreiten. Ich habe in der „Illustration" (man druckt darin nichts, was den braven Bürgersmann aufschrecken könnte) einen Aufsatz von Herrn Bourdet gelesen, der sich nach einem tirolischen Dorf von 4000 Einwohnern, namens Wörgl, begeben hatte, das, angeregt durch die Geldtheorien Silvio Gesells und der davon ausgehenden freiwirtschaftlichen Bewegung, einen beachtenswerten Versuch unternommen hat. Ich habe mir die Sache selbst angeschaut, denn wir leben in einer Zeit, in der wir nichts geringschätzen, nichts verachten dürfen. Ich habe lange mit diesem Bürgermeister, dem nunmehrigen Altbürgermeister von Wörgl verhandelt.

Er verwaltete eine Gemeinde, wo seit dem Krieg niemand mehr die Gemeindesteuern bezahlte und man seit 1919 keine Reinigungsarbeiten ausführen lassen konnte, so daß die Wörgler Straßen zum Symbol der dort herrschenden Verwahrlosung wurden. Es gab sogar einen Spottvers: „Doch das schlimmste aller Laster, Wörgl, ist dein Straßenpflaster." Niemand zahlte noch Steuern, niemand arbeitete. Die Zahl der Arbeitslosen stieg. Niemand konnte noch einkaufen. Ein Geschäft nach dem anderen wurde geschlossen.

Der Bürgermeister setzte sich mit dem Pfarrer, dem Kooperator, dem Obmann der Frontkämpfer usw. zusammen. Er rief im eigentlichen und aufrichtigen Sinn des Wortes eine „nationale Vereinigung" ins Leben und sagte zu den Leuten: „Wir werden alle in diesem Wirbel zugrunde gehen. Wollen Sie daher das System, das ich Ihnen vorschlage, anzuwenden versuchen?"

Der Bürgermeister von Wörgl schuf alsdann sogenannte Arbeitswertscheine.

Das sind höchst merkwürdige Scheine. Es ist sozusagen „Schwundgeld", denn es sind Geldscheine, denen die Eigentümlichkeit anhaftet, im Jahr 12 Prozent, monatlich 1 Prozent ihres Wertes zu verlieren.

Mit Zuhilfenahme solchen Geldes konnte der Wörgler Bürgermeister Gemeindearbeiten ausführen lassen; er ließ Straßen instandsetzen, Wasserleitungen und Bäder bauen usw. Die Arbeitslosigkeit ging zurück; das Geschäftsleben erholte sich zusehends. Wörgls Bevölkerung war zufrieden, und die Freude hatte die Verzweiflung wieder verdrängt. Die Bewohner haben mir erklärt, daß sie solches Geld, das sie leben läßt, dem Goldwahn und anderen veralteten Idealen vorziehen."

„Aber entsteht nicht etwa durch die Verhinderung des Sparens eine ernste Gefahr? Da muß man eben beachten, daß die Kaufkraft dieser Scheine keine Verringerung erlitt. Übrigens meint man in Wörgl, daß das Sparen durch Hamstern von Geldscheinen einer dahingegangenen Zivilisationsperiode angehöre, *Spargeld gehöre in die Sparkassen.*

Dieses Geld hat überaus beachtenswerte Ergebnisse gezeigt. Zahlreiche Orte Österreichs haben seine Einführung verlangt. Auch ich will in meiner Heimatstadt, falls sie einer solch erschreckenden Krise wie in Wörgl preisgegeben sein sollte, dieses System, wenn auch mit wesentlichen

Abänderungen anzuwenden versuchen, ehe ich mich jenem Fatalismus ausliefere, der in unserem Land so gang und gäbe ist.

Was immer auch an dem Wörgler Versuch auszusetzen wäre – und das ist der einzige Schluß, den ich heute aus der Sache ziehe: wir leben in einer Zeit, wo man versuchen muß, der Krise durch Vergrößerung des Geldumlaufes und Verstärkung der Kaufmöglichkeiten der arbeitenden Bevölkerung Herr zu werden.

Es tut mir leid, Sie durch diese Rede so lange in Anspruch genommen zu haben, doch glaube ich, daß sie von einigem Nutzen ist. Frankreich ist nicht willens, sich irgendwelchen Abenteurern oder Diktatoren in den Arm zu werfen, denn Frankreich hat zweimal die Diktatur versucht, und zweimal hat diese das Land zum Ruin, zur Niederlage und zur Zerreißung seiner Grenzen geführt." (Beifall.)

Daladiers Rede ging unter in den Störungen, welche die Nationalsozialisten verursachten, diese Kreaturen, welche die Krise in Deutschland an die Spitze des Staates gehoben hatte.

Im September 1936 hat Frankreich abgewertet und damit die Krise einstweilen überwunden. Als Daladier wieder zur Regierung gelangte, bestand seine Aufgabe darin, im französischen Heere und dann in Europa die Nazis zu bekämpfen, die gerade durch die Krise 1929-36 groß und stark geworden waren.

Ausbeutung und Übertreibung des Experiments von Wörgl
in den Vereinigten Staaten

Es ist nichts so gut, daß es nicht durch Übertreibung schlecht gemacht werden könnte. Ein Schwundsatz auf dem Geld von 1 Promille in der Woche ist wahrscheinlich das richtige. Das macht 5,2 % jährlich. Vielleicht geht auch noch 1 % im Monat, das wäre 12 % im Jahr.

Aber der Westen wird sich noch durch seine Übertreibungen zu Grunde richten. Bezeichnend ist, daß der Ausdruck „Optimum" – das gerade

Richtige, das Maßvolle – in Europa kaum gebraucht wird. Dafür hört man unausgesetzt die beiden Ausdrücke „Maximum" und „Rekord" – und etwa auch noch „Minimum" – der Rekord nach unten!

Kaum hatten die Amerikaner etwas von einem Geld mit einem Schwundsatz von 1 Promille in der Woche oder von 1 Prozent im Monat erfahren, stürzten sie sich darauf und machten „Stamped scrips", „gestempeltes Geld" mit 2 % in der Woche! In 50 Wochen wird das Geld auf diese Weise dem Staat durch den Kauf der Stempelmarken wieder zurückbezahlt und die letzten 2 Wochen sind reinster Profit! Das Geld wird mit 104% Nennwert zurückbezahlt, nachdem es der Staat oder der Unternehmer mit dem Wert von Druck und Papier bezahlt hat. Warum und wieso 2 % in der Woche bezahlt werden sollen und welche Folgen das für die Zukunft haben wird, davon ist nicht die Rede. Schon 1918 hat sich Gesell gegen H. *Harburger* gewehrt, der mit der „Geldsteuer" alle Steuern zahlen wollte, indem er einfach das Geld so hoch mit einem Schwundsatz belegen wollte, daß mit dem Eingang alle Ausgaben des Staates bezahlt werden könnten. Gesell wehrte sich dagegen und sagte, daß der Schwundsatz nie und nimmer den Sinn einer Steuer habe, sondern er sei der Ausgleich zwischen Geld und Ware. Der Schwundsatz sei deshalb nötig, weil das Geld sonst der Ware gegenüber im Vorteil sei und weil der Geldbesitzer diesen Vorteil mit einem Abwarten beim Warenaustausch und damit durch einen Druck auf die Preise quittiere. Indem er aber sowohl den Verkäufer wie damit auch den Käufer warten lasse, und weil er ohne Schaden warten könne, im Gegensatz zum Verkäufer wie zum Käufer, könne er einen besondern Profit einkassieren über den Handelsgewinn hinaus: den „Urzins", der im Leihzins für Geld wiederum zum Ausdruck komme, sobald man das Geld verleihe. „Der Geldbesitzer kann warten, der Warenbesitzer dagegen hat es immer eilig." Dieser Unterschied wird mit 1 Promille wöchentlich ausgeglichen, mit 1 % im Monat mehr als ausgeglichen, und wenn man mehr Schwundsatz verlangt, so wird damit das frühere falsche wie auch das mit 1 %, bzw. 1 Promille, hergestellte Gleichgewicht neuerdings wieder gestört; diesmal zu Ungunsten des Geldes. Das Geld, das so stark schwindet, wird gemieden, es wird entweder zurückgewiesen oder dann nur ungern genommen, kurz, der Warenaustausch wird wiederum gestört und funktioniert nicht richtig.

Die Amerikaner hatten gar nicht begriffen, um was es ging: nämlich um die Tauschgerechtigkeit Ware-Geld! Sie haben mit dem Stamped scrip für die alte eine neue Tausch-Ungerechtigkeit geschaffen.
Eine Radioreportage von Hans *Cohrssen* und dem Radio-Sprecher *Sell,* von der National Broadcasting Company veranstaltet, brachte völlig falsche Vorstellungen ins Volk.

Die Ausbreitung des Freigeldes in Österreich

Ein Geld, das nicht von Privaten nach Belieben zurückgehalten werden kann, ist kein Geld, das der Hochfinanz paßt.

„Der unbeschränkte Einfluß derer, die den Geldmarkt beherrschen, ist heute unbestreitbar einer der großen Machtfaktoren der Gegenwart", sagte der Chef des Eidg. Finanzdepartements 1937, Bundesrat Dr. A. *Meyer,* am Bankiertag in Montreux.

Graf *Sforza* meint über die gleiche Macht: „Man ahnt kaum, zu welchen Exzessen eine in ihren Privilegien bedrohte Klasse fähig ist, und wie sie – vielleicht in guten Treuen – den Vaterlandsgedanken, die nationale Ehre mit den Standesinteressen verwechselt." (National-Zeitung, 1936, Nr. 331.)

Aber 160 Jahre früher wußte das auch schon Adam *Smith,* der Begründer des damals noch monopolfeindlichen Liberalismus, der sich heute so schön an den zwei größten Monopolen erfreut, dem Boden- und dem Geldmonopol. „Wer sich Monopolen widersetzt, oder gar Ansehen genug hat, ihnen Abbruch zu tun, den können weder die anerkannteste Rechtschaffenheit, noch der höchste Rang, noch die größten Verdienste um den Staat gegen die ehrenrührigste Herabwürdigung, ja selbst gegen wirkliche Lebensgefahr schützen, welche aus der Erbitterung wütender und in ihren Hoffnungen getäuschter Monopolisten entstehen."

„Gefährlich ist es, an dem Schlaf der Welt zu rütteln", meint Friedrich *Hebbel.* „Die Kapitalpresse schließt dem vertrauensseligen und meist nicht informierten Volke beide Augen, damit es die gefälschte, öffentliche Meinung blindlings glaubt", so schrieb Erzbischof Dr. F. *Kordac* in Prag. So wird beispielsweise heute behauptet, das Experiment von Wörgl sei „zusammengebrochen". Oder man vernimmt auch, der Bürgermeister sei froh gewesen, daß es aufgehört habe, weil es nicht mehr weiter gegangen wäre.

Tatsache ist, daß die Leute in *Kitzbühel*, im nächsten Dorf, wohl zuerst lachten, aber am 1. Januar 1933 Schwundgeld nach dem Muster von Wörgl in Umlauf setzten, 3000 Schilling zum Beginnen, pro Kopf ein Schilling. Die Scheine der beiden Gemeinden galten an beiden Orten und wurden anstandslos angenommen. Vier weitere Tiroler Gemeinden, Hopfengarten-Markt und Land, Brixen und Westendorf, Ortschaften mit zusammen etwa 16 000 Einwohnern, beschlossen ebenfalls grundsätzlich die Ausgabe von Schwundgeld – sie wollten aber immerhin noch den Entscheid der Regierung abwarten.

Im Juni 1933 hatte Bürgermeister Unterguggenberger in Wien einen Vortrag vor 170 Bürgermeistern zu halten – sie waren alle nach Prüfung der Gemeinderechnung und der Berichte aus Wörgl der Meinung, man müßte auch in ihren Gemeinden dieses „Zaubergeld" einführen.

Die Österreichische Nationalbank geht gegen Wörgl vor

Am 19. August 1932 noch hatte Minister Rintelen in Wien eine Delegation empfangen, denen unter anderem angehörte Bürgermeister *Unterguggenberger*, Handelskammerpräsident Peter *Westen*, Direktor *Richter*, Regierungsrat Dr. *Nölle* und Redaktor Fritz *Schwarz*. Minister Rintelen zeigte volles Verständnis für die Theorie, die dem Experiment in Wörgl zugrunde lag. Die Arbeitswertscheine von Wörgl leuchteten ihm ein. Es schien, als würde es möglich sein, daß das Experiment weitergeführt werden könnte.

Die Fehler der österreichischen Notenbank wurden dargelegt. Wie sich später zeigte, hatte sie eine Deflation durchgeführt, durch welche sie den Notenstand verminderte von 1067 im Jahresdurchschnitt 1928 auf 997 im Jahre 1932 und 872 Millionen 1933! Während die Bank dieses

„Trauerspiel" (Dr. Schacht!) aufführte, schrieb Österreichs berühmtester Gelehrter R. H. *Francé* den Satz nieder: „Bei vermindertem Geldumlauf muß die Zivilisation dahinsiechen und wenn nicht rechtzeitig eingegriffen wird, untergehen." – Fünf Jahre später zog Hitler in Wien ein.

Wir haben gehört, wie sich das Experiment in Wörgl weiter ausgewirkt hat. Wir sehen heute noch, was damals, mitten in der Krisenzeit, in dieser Gemeinde getan worden ist, ohne daß sie sich damit verschulden mußte. Wir sehen, wie das umlaufende Geld Arbeit und Verdienst geschaffen hat und alle Parteien einigte. Trotzdem fanden sich Wissenschafter, welche „nachwiesen", daß dieser Versuch verboten werden müsse:

„Denn", so argumentierte derjenige, welcher am eingehendsten alles untersucht hat, was für und was gegen den Versuch von Wörgl gilt, ein Regierungsbeamter:

„Wenn auch das Notgeld durch die volle Deckung in österreichischen Nationalbanknoten nach außen hin als gesichert erschien, so durften sich die Aufsichtsbehörden, zunächst die Bezirkshauptmannschaft Kufstein und als höhere Instanz die Tiroler Landesregierung in Innsbruck damit nicht zufrieden geben. Die Gemeinde Wörgl hatte nämlich ihre Befugnisse überschritten, da das Geldausgaberecht in Österreich nur der Nationalbank zusteht und dieses Privileg, welches im Artikel 122 der Satzung der österreichischen Nationalbank enthalten ist, durch die Wörgler Aktion durchbrochen war."

Die Bezirkshauptmannschaft Kufstein erließ auf dieses „Gutachten" hin ein Verbot des Notgeldes, indem sie sich auf § 207 der Tiroler Gemeindeordnung berief, wonach politische Bezirksbehörden berechtigt und verpflichtet sind, Beschlüsse von Gemeinden aufzuheben, die gegen bestehende Gesetze verstoßen. Die Rechtswidrigkeit wurde darin erblickt, daß die Gemeinde Wörgl unter Verletzung des Notenbankprivileges Scheine ausgegeben hatte, die auf den Inhaber lautende Anweisungen darstellten und im Verkehr tatsächlich *als Geldzeichen verwendet* wurden."

Die Gemeinde Wörgl widersetzte sich dem Verbot, legte Beschwerde ein, und das Streitverfahren durchlief sämtliche Instanzen bis zum Verwaltungsgerichtshof in Wien, der am 18. November 1933 endgültig die Beschwerde der Gemeinde Wörgl *abwies.*

Am 15. September 1933 verboten!

Da der Einspruch der Gemeinden gegen das Verbot keine aufschiebende Wirkung hatte, mußte am 15. September 1933 das Verbot durchgeführt werden. Die weiteren Verhandlungen sind politisch und wissenschaftlich wertlos. Anführen wollen wir bloß noch, was der unabhängige Schweizer Redaktor J. B. *Rusch* in seinen „Republikanischen Blättern" schrieb, als Österreich dem Nationalsozialismus zum Opfer fiel: „Hätte man seinerzeit das Experiment in Wörgl nicht verboten, sondern es nach und nach für das ganze Land eingeführt, so wäre Österreich heute noch unabhängig und frei!" Rusch ist nicht etwa Freiwirtschafter.

Daß eine allgemeine Einführung von oben her sehr wohl möglich gewesen wäre, liegt auf der Hand, hätte man doch nur das Gesetz so ändern müssen, daß es solche Versuche gestattet hätte. Aber man wehrte sich dagegen, daß man überhaupt Versuche machte, nicht nur in Österreich, sondern auch in der Schweiz. Hier hat das Eidg. Finanzdepartement in unbestimmter Art und Weise solche Versuche gestatten wollen; aber die Nationalbank wollte das nicht zugeben. Der Briefwechsel darüber findet sich in der Schrift „Vorwärts zur festen Kaufkraft des Geldes" abgedruckt. Auch hiezu äußerte sich J. B. *Rusch*, indem er meinte, gerade diese Weigerung der Nationalbank zeige, daß sich das Freigeld neben den Nationalbanknoten behaupten würde, denn etwas anderes als dieses lasse sich doch aus der Weigerung der Nationalbank nicht heraus lesen. Sie fürchtet, im freien Wettbewerb mit dem Freigeld zu unterliegen. Das wäre tatsächlich der Fall: das hamsterfähige Geld verschwindet aus dem Verkehr, das nicht hamsterfähige läuft um! Das wußte schon Gresham, der Gründer der Londoner Börse, der als erster diese Tatsache und deren Auswirkungen in der Wirtschaft feststellte: Gerne weitergegebenes Geld zirkuliert rascher als das Geld, das man gerne in der Tasche behält. Schwarze, alte Münzen und verschrumpelte Banknoten setzen viel mehr Waren um als neue, glänzende Münzen und schöne, neue Noten. Wenn Noten mit der Abstempelung bedroht werden, oder wenn der Inhaber eine „Notabgabe" entrichten muß, dann wird diese Note so rasch wie immer nur möglich weiter gegeben – und die Nationalbanknote bleibt im Kasten liegen und wird im Verkehr weniger gebraucht.

Daher würde die Banknote der Nationalbank gegenüber dem Geld, das irgendwie mit einer Hamstersteuer belastet ist, immer unterliegen müssen.

Die Wissenschaft zum Wörgler Experiment

In den „Tiroler Studien", Heft 2 (Herausgeber Dr. F. *Ulmer*) hat 1934 Dr. Alfred *Hornung* „das Ergebnis des Wörgler Schwundgeld-Versuches" behandelt und sich (im Untertitel) gefragt: „Ist Wörgl ein Freigeld-Experiment?" Die „Sozialwissenschaftliche Arbeitsgemeinschaft" gab das Ergebnis dieser Untersuchung heraus.

Es soll besonders geprüft werden, ob „es sich bei diesem Experiment wegen des Schwundcharakters des Wörgler Notgeldes um den Umlauf von Freigeld im Sinne der freiwirtschaftlichen Theorien gehandelt habe. Die Stichhaltigkeit dieser Ansicht ist besonders zu prüfen." Vorher sollen der Sachverhalt untersucht und es sollen auch die Auswirkungen auf die Gemeindefinanzen und für die Privatwirtschaft behandelt werden.

Einiges aus Hornungs Arbeit haben wir schon bei der Darstellung des Versuches selbst angeführt. Die Aufnahme des Geldes, so muß Hornung selbst zugeben, war „größtenteils willig und freundlich", aber von einer „stürmischen Begeisterung" könne ebensowenig gesprochen werden wie „von einer allgemeinen Ablehnung".

Damit sind alle jene Kritiker widerlegt, welche immer wieder behaupten, ein solches Geld würde „niemals angenommen". Freigeld mit einem kleineren Schwund wird noch lieber angenommen werden als dieses Geld mit den 12% Schwund pro Jahr.

Dr. Hornung muß auch eine Verminderung der Steuerrückstände um etwa 41,4 % zugeben. Aber, meint Dr. Hornung: „Dies günstige Ergebnis war nur möglich, weil so erhebliche Rückstände überhaupt vorhanden waren... Die Rückstände bildeten also eine sehr wesentliche, vielleicht die einzige Stütze für den Schwundgeldumlauf." Tatsächlich sind 1932 und 1933 zusammen 131 883 Schilling Steuerrückstände eingegangen. Das Ergebnis des Gemeindesteuereingangs allein war nach Dr. Hornung 1932 um 61,32 % größer als 1931. So meint nun Dr. Hornung, wenn man keine Steuerrückstände gehabt hätte, so hätte „eine weitere Aufrechterhaltung des Notgeldumlaufs nur die Wirkung einer raschen Steuerzahlung oder etwaiger Steuer*vorauszahlungen* gehabt..." Etwas anderes als Steuerzahlungen scheint es für Dr. Hornung anscheinend nicht zu geben – offenbar auch keine Spareinlagen!

Beachtenswert ist folgende Bemerkung von Dr. Hornung: „Falls die 2prozentige Gebühr (beim Umtausch in Nationalbanknoten) nicht erhoben worden wäre, hätte die Bezahlung der Rückstände in Abgaben und Steuern durch die Bevölkerung kaum stattgefunden, sondern man kann annehmen, daß die meisten Einwohner, die in den Besitz von Arbeitswertscheinen kamen, diese unverzüglich in Nationalbanknoten umgetauscht hätten. Der Mehreingang an Steuern dürfte also besonders auf die Erhebung dieser Umtauschgebühr zurückzuführen sein, da viele Einwohner einem Verlust von 2% die Bezahlung ihrer Rückstände an Steuern vorzogen." Woraus zu entnehmen ist, daß ohne dieses Geld die Steuern überhaupt nicht bezahlt worden wären: die Thesaurierung von Geld wäre fortgesetzt und es wäre keine Arbeit getan worden, denn Kredit konnte Wörgl nirgends mehr erhalten!

Dr. Hornung glaubt, „daß eine größere Kapitalflucht eingesetzt hätte", wenn „nur das Schwundgeld in Wörgl umgelaufen wäre" – „eine Erscheinung, die in allen Gebieten mit manipulierter Währung zu beobachten ist". Dr. Hornung übersieht hier völlig den Unterschied zwischen dem Schwundgeld und dem auf Gold gestützten heutigen Geld: *Gold* kann geflüchtet werden, nicht aber das Schwundgeld, denn dieses muß man an der Grenze umtauschen! Es würde daher einen tiefen Kurs haben und somit die Ausfuhr des Landes in wohltätiger Weise anregen, indem sie verbilligt und der preisdrückende Import verhindert würde – ein Vorgang, den man in Krisenzeiten schmerzlich vermißt und herbeisehnt!

Was Dr. Hornung und die meisten Kritiker nicht verstehen

„Mit den zur Verfügung stehenden Mitteln hat die Gemeinde eine Reihe von Arbeiten ausführen lassen… Die Ziffern erwecken den Eindruck, als ob trotz des geringfügigen Schwundgeldumlaufs ein ganz unwahrscheinlicher Erfolg erzielt worden sei." Wir haben schon früher auf den Heiterkeitserfolg hingewiesen, den jener Ängstliche durch die Mitteilung erreicht, es müssen Arbeitsscheine von anderer Seite in Umlauf gebracht worden sein, weil schon 5100 eingelaufen seien, während doch nur 1000 im Umlauf seien! Auch Dr. Hornung wundert sich darüber, daß man mit so wenig Mitteln so viel erreicht habe. Mürrisch gibt er sich damit zufrieden, Kritik an den Notstandsarbeiten zu machen, indem er feststellt, daß einige Bauten gar keine Notstandsarbeiten, sondern nur gewöhnliche Arbeiten gewesen seien! Darüber wollen wir nicht streiten. Schließlich gibt Dr. Hornung zu:

„Durch die Beschäftigung von Arbeitslosen ließen sich die Ausgaben für Armenunterstützung einschränken, die auch weiterhin vom Jahre 1932 bis zum Jahre 1933 nur unwesentlich gestiegen sind."

Dr. Hornung vergißt, daß sie von 1931 auf 1932 um 15 000 Schilling *sanken!* Dann fährt er verdrossen fort:

Die Produktivität der gebauten Straßen (denn aus dem Straßenbau bestand hauptsächlich das Notstandsprogramm 1932) ist jedoch gerade in der heutigen Zeit stark problematisch, weil infolge der Sperre des Fremdenverkehrs von Deutschland her in Wörgl kaum ein Bedürfnis nach einem derart umfassenden Ausbau des Straßennetzes, wie er jetzt durchgeführt worden ist, vorhanden war. Abgesehen vielleicht von der Brixentalerstraße, die aber nicht zum Notstandsprogramm gehörte, und einigen kleineren Ausnahmen bestand kein dringendes Erfordernis. Es wurde nur gebaut, um Leute zu beschäftigen. Ferner bildet ganz allgemein der Straßenbau eine Quelle ständig neuer Ausgaben, denn wenn auch vom Jahre

1932 bis zum Jahre 1933 sich nach der Gemeinderechnung die Kosten der Straßenerhaltung von Sch. 20 448 auf Sch. 4646, somit sehr erheblich gemäßigt hatten, so tritt sicherlich schon in den nächsten Jahren infolge Verwitterung und Abnutzung ein erheblicher Geldbedarf für Reparaturen ein."

Die Logik dieser Äußerungen waren also die, keine Straßen zu bauen, um später nichts daran flicken zu müssen!

Wer nun weitblickender gewesen ist, Bürgermeister Unterguggenberger oder, wir Schweizer, ist heute leicht zu ermessen. Wörgl hat damals, zu Preisen und Löhnen, die heute mehr als das Doppelte von 1932 betragen, die Straßen in Wörgl ausgebaut und ein Straßennetz erstellt, das heute dem Orte dient und über das die neue Stadt sehr froh sein darf. Man denke nur an die Bevölkerungszunahme!

Wenn gar Dr. Hornung eine Rechnung aus der Schweiz anführt – die damals bis 124 000 Arbeitslose und keine Arbeitsbeschaffung kannte, wenigstens lange nicht in dem Umfang wie heute – um zu beweisen, daß „die Ausgaben für die Beschäftigung von Arbeitslosen und die Ausgaben, die das Material für die Bauten erforderte, mindestens dreimal so hoch sind wie die Aufwendungen für die Arbeitslosenunterstützung", so ist es wohl richtig, daß die Bundesräte Schultheß und Musy dies festgestellt haben, aber eine solche Rechnung ist in jeder Hinsicht abwegig. Denn man kann eine Krise beseitigen und Arbeit beschaffen, ohne daß man „Aufwendungen" dafür macht: Man braucht bloß die Kräfte, die im Volk liegen, nicht durch eine Deflationspolitik lahmzulegen – das ist alles was getan werden muß!

Dr. A. Hornung weiß einen guten Rat: Wörgl hätte besser getan, „wenigstens einen Teil der rückständigen Zinsen zu erlegen als ein derartig umfangreiches Notstandsprogramm durchzuführen". Das ist seine Meinung.

Dieser Volkswirtschafter hätte Wörgl empfohlen, weiterhin 10 Prozent Zinsen für die Hypothekarschuld der Gemeinde zu zahlen – denn so unsinnig hohe Zinsen hat man von der Gemeinde verlangt! – dagegen das

Straßennetz nicht in Ordnung zu bringen, sondern Schulden zu machen, um Arbeitslosen- und Armenunterstützung zu zahlen.
Aber Schulden machen – wo? Man lese oben nach, was Herr Hutter, der Präsident des Gewerbeverbandes darüber sagte!

Reichlich seltsam ist auch die Kritik von Dr. Hornung, wenn er schreibt:

„Die Produktivität der Notstandsarbeiten im Jahre 1933 ist noch problematischer, weil in diesem Jahre fast ausschließlich Anlagen für den *Fremdenverkehr* geschaffen wurden, die sich infolge der (ab 1. Juni) einsetzenden Sperre des Fremdenverkehrs von Deutschland her als größtenteils nutzlos erwiesen.

Es wurden u. a. angelegt:

1. Neuer Weg vom Anlauf der Sprungschanze bis Eisstein-Gipfel, Weglänge ca. 2000 in, Höhenunterschied ca. 1400 m;

2. Jägersteig-Rodelweg, Länge 3589 m, eingebaut 595 Stück Treppenstufen;

3. Weg zu den Lechner Wasserfällen, neu gebaut ca. 2300 in, ausgebessert wegen Verwachsungen ca. 2000 m;

4. Weg zu der bisher unzugänglichen Aubachklamm, mit Sprengarbeiten und Errichtung zahlreicher Brücken, Länge 1200 m; an diesen Wegen wurden im ganzen 120 Stück Ruhebänke aufgestellt.

Durch diese Bauarbeiten konnte man durchschnittlich 50-60 Arbeitslose direkt und etwa 30-40 Mann indirekt, d. h. in der Zubehör-Industrie, also zusammen maximal 80-100 Personen zusätzlich vorübergehend beschäftigen, ein recht bescheidener Erfolg bei einer Gesamtarbeitslosenzahl in Wörgl von etwa 400 Personen."

Erstens wäre manche Gemeinde im Schweizer Fremdengebiete froh, wenn sie damals ihre Arbeitslosen mit solchen Arbeiten beschäftigt und heute

Anlagen dieser Art hätte! Sie wären damals billiger erstellt worden als heute!

Sodann: vergleichen wir doch einmal, was Unterguggenberger in Wörgl geschaffen und wie sich in seinem kleinen Bezirk die Arbeitslosenziffer stellt neben der Arbeitslosigkeit im ganzen Lande Österreich!

In seinem kleinen Bezirk, der weitgehend durch das Versagen von *Gesamt*österreich arbeitslos geworden ist, gelang es dem Bürgermeister immerhin, von August 1932 bis im September 1933 den *vierten Teil* der Arbeitslosen wieder zu beschäftigen. Wie stand es damals im *großen* Österreich, wo Dr. *Kienböck* regierte? Hier die Arbeitslosenziffern:

Arbeitslose in Österreich (in Tausend)

	1931	1932	1933
Januar	331	358	478
Februar	334	362	480
März	304	352	455
April	347	304	423
Mai	209	335	392
Juni	191	328	381
Juli	194	329	375
August	196	334	366
September	202	345	
Oktober	228	370	
November	274	410	
Dezember	330	450	

Man sehe sich diese Zahlen an! In der Zeit vom August 1932 bis zum September 1933 *steigerte* Dr. *Kienböck* die Arbeitslosigkeit von 334 000 auf 366 000. Hätte er auf *seinem* Gebiete das fertig gebracht, was Bürgermeister Michael *Unterguggenberger* im Stadtgebiet von Wörgl getan hat, so wäre sie von 334 000 auf 260 000 bis 240 000 zurückgegangen, und man hätte 80-100 000 Arbeitslose weder beschäftigen können. Statt dessen ging sie in Gesamt-Österreich in die Höhe.

Man muß auch daran denken, daß der Export durch eine vernünftigere *Kurspolitik* wieder hätte in Gang kommen können wie er anstieg in Finnland von 1931 ab, als es eine andere Preis und Kurspolitik trieb und damit seinen Käseexport verdreifachte in der gleichen Zeit, in welcher der Käseexport der Schweiz von 30 000 auf 17 800 Tonnen sank! Unterguggenberger hatte versucht, die Zellulosefabrik wieder mit Aufträgen zu versorgen. Es wäre ihm gelungen, wenn nicht der Kurs des Schillings künstlich hochgehalten worden wäre. „Nicht der Index, sondern der Dollarkurs ist heute in Wien bestimmend für die Geldausgabe der Notenbank. Der Preisstand muß schwanken und der Wechselkurs muß fest bleiben – das ist die *Idiotenparole*, mit der wir heute überall regiert werden", schmetterte Handelskammerpräsident Peter *Westen*, der bekannte Großindustrielle aus Siebenbürgen Minister Rintelen am 19. August 1932 in der bereits erwähnten Konferenz in Wien ins Gesicht. Unter dieser Parole ging die Wirtschaft in Österreich wie in der Schweiz weiter ihren Krebsgang.

In seiner Untersuchung kommt Dr. A. Hornung zum Schluß, daß das Wörgler Schwundgeld „kein Freigeld" gewesen sei. Das ist ein gutes Zeichen für dieses Tauschmittel und für das Experiment des Bürgermeisters Unterguggenberger. Denn:

Wäre das Experiment *nicht* gelungen, wäre die Arbeitslosigkeit nicht zurückgegangen, der Geldumlauf und damit die Wirtschaftstätigkeit *nicht* aufrechterhalten worden in diesem Unglücksjahr 1932, wo überall – selbst im abgewerteten England! die Arbeitslosigkeit weiter *anstieg*, dann – so darf ziemlich sicher angenommen werden – dann würde das Wörgler-Geld *Freigeld* gewesen sein! Den Beweis für diese Annahme liefert die Tatsache, daß da, wo man, in Unkenntnis der Vorgänge in Wörgl, ein Mißlingen des Versuches annimmt, immer scharf akzentuiert vom „verunglückten Freigeld-Experiment von Wörgl" gesprochen wird! Es gibt noch nettere Ausdrücke: „Der Schwindel von Wörgl", im „Neuen Winterthurer Tagblatt" vom 20. November 1933, oder „Der Bluff von

Wörgl", in den „Neuen Zürcher Nachrichten" vom 17. Oktober 1933 usw. usw.

Das Ende – und ein Anfang

Wenn J. B. Rusch in seinen „Republikanischen Blättern" meint, Österreich wäre „frei und unabhängig geblieben", wenn das Experiment von Wörgl auf ganz Österreich ausgedehnt worden wäre, wie das leicht möglich gewesen wäre, sofern es vorsichtig und unter Benützung aller Verbindungen mit dem Ausland hätte durchgeführt werden können, dann hat er sicher recht. Aber der Wille zur *Unterdrückung* dieser Ausdehnung war vorhanden. Das zeigt unter anderem auch das Dossier in der Riesenkorrespondenz Unterguggenbergers, welches die *Schweizer Bundesanwaltschaft* betrifft. Am 24. Mai 1933 hatte Unterguggenberger in Winterthur vor einer Zuhörerschaft von gegen tausend Personen gesprochen sachlich, schlicht und klar, wie es seine Art war. Am 3. September sollte er auf einer Tagung sprechen, die von den Kantonalverbänden Zürich, Schaffhausen und Thurgau des Schweizer Freiwirtschaftsbundes veranstaltet worden war. Von der Bundesanwaltschaft wurde ihm sein Referat verboten – desgleichen dem Direktor des Gymnasiums von Nürnberg, Dr. *Uhlemayr* der später von den Nationalsozialisten umgebracht wurde – und dem Professor der Theologie Dr. *Ude* aus Graz. Auf des Bürgermeisters bescheidene Bitte, ob er als einfacher Teilnehmer an der Studientagung teilnehmen könnte, unter dem Versprechen, nicht zu reden, erhielt er die kurze Antwort, daß ihm „die Einreise überhaupt untersagt" sei!

Wenn in der „freien Schweiz" die Nationalbank und ihre Umgebung einen solchen Terror auszuüben vermochte – wie mußte das erst in Österreich sein! Die „Wiener Wirtschaftswoche" begann damals ihre Tätigkeit, in der sich die Advokaten der Goldwährung zusammenfanden: Professor Dr. *Böhler*, Zürich, Professor Dr. *Dobretsberger*, Graz, Prof. Dr. *Bundsmann*, Innsbruck u.a.

Der Februaraufstand in Wien, der mit der Unterdrückung der Linksparteien endete, führte auch zum Rücktritt von Bürgermeister Unterguggenberger in Wörgl. Und dann setzte sich bei ihm die Krankheit durch, die er mit letzter Willensanstrengung bekämpft hatte, als er noch ein Ziel vor sich sah: seine kranke Lunge und sein Herz versagten ihre weiteren Dienste – am 19. Dezember 1936 ist Michael Unterguggenberger sanft entschlafen.

„Michael Unterguggenberger war ein Sucher nach voller Wahrheit und nach Zielen, die der gesamten schaffenden Menschheit eine Besserung ihrer Lebensverhältnisse bringen müssen. „ Mit diesen Worten hat Hans *Federer* in den „Wörgler Heimatschriften" diesen Bürgermeister der Marktgemeinde Wörgl ebenso kurz wie treffend charakterisiert. Den „Sucher nach voller Wahrheit" verrät insbesondere seine Bibliothek, die Auswahl seiner Bücher. Daß er ständig eine Besserung der Lebensverhältnisse seiner Mitmenschen anstrebt, merkt man nicht nur in seinem Freigeld-Experiment, sondern auch in der Art, wie die Leute von ihm reden, die ihn gekannt haben.

Im Wörgler Waldfriedhof hat er seine Grabstätte erhalten. Seine Gattin, seine Kinder, seine Gemeinde, alle, die ihn je gekannt haben, halten ihn in Ehren, und der Gedanke an diesen Mann und Menschenfreund läßt aller Augen aufleuchten und weckt in aller Herzen den Wunsch, es möchte mehr, viel mehr solche Männer geben, so offen, so treu, so herzensgut.

Fritz Schwarz wurde am 1. Mai 1887 im Obertal bei Zäziwil als fünfzehntes Kind des Emmentaler Bauern Johannes Schwarz und dessen Ehefrau Anna Elisabeth Kiener geboren. Von 1894 bis 1902 besuchte er die Primarschule im Obertal und danach bis 1906 die staatlichen Lehrerseminare in Hofwil und Bern. Anschließend war er in Arni bei Biglen als Primarlehrer tätig, bis er 1909 nach Ostermundigen übersiedelte, von wo aus er Vorlesungen an der Berner Universität besuchte. 1910 heiratete er Anna Zaugg; sie schenkte ihm die Töchter Anny und Hedy. – Nach nur drei Semestern Studium erwarb er sich das Sekundarlehrerpatent und wurde 1912 als Sekundarlehrer nach Schwarzenburg gewählt, wo er bis 1919 wirkte. Daneben begann er seine journalistische Tätigkeit, durch die er 1917 Redaktor der «Freistatt» wurde, aus der dann später die «Freiwirtschaftliche Zeitung» und in neuerer Zeit «Freies Volk» entstanden. Außerdem redigierte er die «Schulreform» und wurde mit der Leitung des von Professor Dr. Ernst Schneider gegründeten «Pestalozzi-Fellenberg-Hauses» betraut, dem Bildungszentrum für pädagogische und volkswirtschaftliche Reformen. Daneben war er der Leiter des Pestalozzi-Fellenberg-Verlages, in dem er unter anderem Werke von C. A. Loosli, Alfred Fankhauser und Standardwerke der Freiwirtschaft herausbrachte. Während dieser Zeit wurde Fritz Schwarz Sekretär des «Schweizerischen Freiwirtschaftsbundes». 1929 schloß er seine zweite Ehe mit Elly Glaser, in der die Kinder Ruth und Hans geboren wurden. – Von 1934 bis Mai 1958 war er Mitglied des Berner Großrates und seit 1936 auch Mitglied des bernischen Stadtrates. Außerdem war er Präsident der stadtbernischen Abstinentenvereine und von 1954 bis 1957 auch Präsident der Internationalen Freiwirtschaftlichen Union. Fritz Schwarz starb infolge eines akuten Herzinfarktes am 17. November 1958.

Fritz Schwarz als Autor und Verleger

Fritz Schwarz veröffentlichte zahlreiche Schriften zu wirtschaftsgeschichtlichen Themen. Er kämpfte darin für die Freiwirtschaft und andere soziale Anliegen, gegen Inflation und Deflation, gegen Gold und Zins und andere Ungerechtigkeiten. Von seinen Arbeiten seien hier nur „Morgan der ungekrönte König der Welt" (1924) und das zweibändige Werk „Segen und Fluch des Geldes in der Geschichte der Völker" (1925 bzw. 1931) erwähnt (beide Titel in Vorbereitung beim Synergia Verlag). „Morgan" wurde in englischer, französischer, japanischer, rumänischer und serbischer Sprache veröffentlicht und erreichte eine Auflage von über hunderttausend Exemplaren. „Segen und Fluch des Geldes" gilt als Hauptwerk von Fritz Schwarz. Es leitet eine neue soziologische Geschichtsbetrachtung ein und gehört zu den seltenen geschichts-philosophischen Werken, aus denen sich für Gegenwart und Zukunft wirtschaftlich positive Perspektiven ableiten lassen.

Der Schweizer Schriftsteller Carl Albert Loosli (1877 - 1959), dessen Werke Fritz Schwarz in seinem Verlag Pestalozzi-Fellenberg-Haus veröffentlichte, nannte seinen Verleger „zielbewusst und charaktertreu". „Dass sich der Verlag ... so ungemein fruchtbar erwiesen hat - das verdankt er den menschlichen und geistig so reichen Fähigkeiten Fritz Schwarzens. Es war nicht bloss seine geistige Beweglichkeit, seine rücksichtslose Vorurteilslosigkeit, sein empfindliches Qualitätsgefühl, sondern vor allem sein unbestechlicher Rechtlichkeitssinn, verbunden mit unbeirrbarem – ach, so seltenem – bürgerlichem Mut, der den Pestalozzi-Fellenberg-Verlag zur Zufluchts- und Weihestätte freier Geister recht eigentlich bestimmte."

Zitate von C.A. Loosli aus „Fritz Schwarz als Verleger", Loosli Werkausgabe, Bd. 4: „Gotthelfhandel", Rotpunkt Verlag CH

„Vorwärts zur festen Kaufkraft des Geldes und zur zinsbefreiten Wirtschaft", „Der Christ und das Geld" sowie weitere Schriften von Fritz Schwarz erscheinen in überarbeiteten Neuauflagen im Synergia Verlag, Darmstadt

Was ist die INWO? Was sind ihre Ziele?

Die INWO wurde 1983 als "Internationale Vereinigung für Natürliche Wirtschaftsordnung" gegründet. Gründungsmitglieder waren je eine Gruppe aus Deutschland, der Schweiz und Österreich. Die Internationale Vereinigung umfasst auch heute noch vor allem den deutschsprachigen Raum.

Die verschiedenen Vereine in Deutschland, Österreich und der Schweiz folgen sehr ähnlichen Leitsätzen:

Deutschland:

Ihr Ziel ist es, einer möglichst großen Öffentlichkeit Ideen zur Gestaltung eines gerechten und stabilen Geldsystems und einer gerechten und effizienten Bodenordnung zugänglich zu machen. Diese Ideen sind grundlegend für eine faire, von kapitalistischen Verwerfungen befreite Wirtschaftsordnung - eine FAIRCONOMY. Sie ermöglicht Rahmenbedingungen für ein selbstbestimmtes Leben in Freiheit, Würde und Gerechtigkeit.

Schweiz:

Die INWO Schweiz setzt sich ein für die Verwirklichung einer humanen und gerechten Gesellschafts- und Wirtschaftsordnung. Ihr Ziel ist es, auf die geld- und bodenrechtlichen Ursachen gesellschaftlicher Fehlentwicklungen aufmerksam zu machen, und Alternativen aufzuzeigen. Die INWO ist politisch und konfessionell unabhängig.

Österreich:

Das Ziel der INWO ist eine gerechte Wirtschaftsordnung, eine "Marktwirtschaft ohne Kapitalismus". Dies ist eine Wirtschaftsordnung, in der das Verhältnis zwischen den Menschen und zwischen Mensch und Natur nicht auf dem Prinzip der Ausbeutung beruht, eine sozial und ökologisch vertretbare, freiheitliche Marktwirtschaft ohne den anschwellenden Strom von Schulden und der Umverteilung aus den Taschen der Armen in die Kassen der Reichen.

Die INWO stützt sich in erster Linie auf die Gedanken des Kaufmanns und Sozialreformers Silvio Gesell (1862-1930). Ebenfalls von herausragender Bedeutung für die INWO ist die Arbeit des Aachener Wirtschaftsanalytikers Helmut Creutz, der in jahrzehntelanger

Recherche die Gültigkeit der Überlegungen Gesells umfassend belegt hat. Anhand umfangreicher Zeitreihen aus Datenmaterial der Deutschen Bundesbank, des Statistischen Bundesamts und ähnlicher Institutionen gibt er schlüssige Erklärungen für die wirtschaftlichen Fehlentwicklungen in Deutschland. Dies sind vor allem die Massenarbeitslosigkeit, die Finanznot der öffentlichen Haushalte und der dauernde Zwang zur Ausweitung der Wirtschaftsleistung. Auch in Europa und weltweit sind die verheerenden Folgen der bisherigen ungerechten Geld- und Bodenordnung unübersehbar.

Ein wesentliches Merkmal dieser Entwicklungen sind einerseits extrem anwachsende Verschuldung und Verarmung sowie andererseits ins Absurde anwachsende Geldvermögen in immer weniger Händen.

Die großen Gegensätze zwischen Arm und Reich bestehen nicht mehr nur hauptsächlich zwischen Nord und Süd, sondern verstärken sich auch innerhalb Nord und Süd.

In den so genannten entwickelten Ländern wächst die Zahl der Erwerbslosen, von einer neuen Armut ist die Rede. Dies geschieht, während auf dem globalen Markt durch geschickte Kapitalverschiebungen Gewinne unvorstellbarer Größe gemacht werden. Dazu kommen die Zahlungsschwierigkeiten der hoch verschuldeten Staaten z.B. Lateinamerikas.

Der Präsident Brasiliens und ehemalige Arbeiterführer Luiz Inácio Lula da Silva hat die Situation folgendermaßen beschrieben: „Der dritte Weltkrieg hat bereits begonnen - ein geräuschloser, aber deshalb nicht weniger unheilvoller Krieg. Es ist ein Krieg gegen den lateinamerikanischen Kontinent und gegen die gesamte Dritte Welt, ein Krieg um die Auslandschulden. Seine schärfste Waffe ist der Zinssatz, und sie ist tödlicher als die Atombombe."

Das Geldsystem

Geld hat eine grundlegende Funktion als „Tauschmittel", besser „Zahlungsmittel": Die Menschen akzeptieren es im „ersten Takt" als Entgelt für ihre eigene Leistung und kaufen damit in einem „zweiten Takt" die Leistung anderer Menschen zur Befriedigung der eigenen Bedürfnisse. Das Geld macht damit den „doppelten Zufall" des direkten Gütertausches überflüssig trennt aber auch den geschlossenen Vorgang des Tausches in zwei Takte auf. Heutzutage hat sich diese Rolle des Geldes stark gewandelt. Wohin die Entwicklung geführt hat, ist im Zitat oben mit wenigen Worten beschrieben - wir leben mitten in einem Wirtschaftskrieg.

Die Reformansätze der INWO
zielen darauf, die Reduktion des Zinssatzes und eine Stabilisierung auf niedrigstem Niveau durch Marktmechanismen zu ermöglichen. Als Folge davon werden Menschen, Organisationen oder Staaten, die für ihre Tätigkeiten auf Kapital angewiesen sind, nicht durch wachsende Zinsforderungen erdrückt.

In der heutigen Wirtschaftslage versuchen viele Menschen, sich neu zu orientieren. So entstehen viele Regionalwährungen und Tauschringe, die teilweise Waren und Dienstleistungen direkt austauschen. Sie bringen so die individuellen Fähigkeiten der teilnehmenden Menschen zur Geltung. Beispiele sind der Chiemgauer, der ROLAND, der Sieg-Taler und das Talent-Experiment.

Der Boden

Die Spekulationsgeschäfte mit dem Boden haben die gesamte Wirtschaftsentwicklung geprägt, seit er und wo er Privateigentum ist. Der Boden ist aber ein gemeinsames Gut aller Menschen, ein Naturgut, das uns geschenkt und nicht durch Arbeit entstanden ist. Dieser Gedanke ist auch Kern vieler Bodenreformüberlegungen des 19. Jahrhunderts.

Silvio Gesell schlug ein Modell vor, in dem der Boden von einer Gemeinschaft verwaltet wird und jeweils für eine bestimmte Zeit von Einzelnen oder Gruppen gegen die laufende Zahlung einer Gebühr genutzt bzw. in Erbpacht bebaut wird. Diese Pachten bzw. Nutzungsgebühren entsprechen der „Bodenrente", die somit der Gemeinschaft, die den Boden verwaltet bzw. Eigentümerin ist, zugute kommt. So wird der ökonomische Gegenwert dessen, was von der Natur gegeben wird, also von Boden, Bodenschätzen, Erde, Luft, Wasser usw., nicht von Einzelnen angeeignet. Diese Schätze werden dann nicht zu Ausbeutungsobjekten.

Silvio Gesells Hauptwerk. "Die Natürliche Wirtschaftsordnung" bietet einen Entwurf für Regeln, die auf ein freiheitliches und harmonisches Zusammenleben zwischen Kindern, Frauen und Männern zielen und einen Weg für den respektvollen Umgang mit der Natur und ihren Gütern, zu Frieden und Gerechtigkeit weltweit weisen.

Adressen der INWO:

1)
Initiative für Natürliche Wirtschaftsordnung (INWO) Deutschland e. V.
Blasiusstr. 63
40221 Düsseldorf

Telefon: +49 (0)211 304105
Telefax: +49 (0)9502 924810
E-Mail: inwo@inwo.de
Internet: www.inwo.de

2)
INWO Schweiz
E-Mail: info@inwo.ch
Internet: www.inwo.ch

3)
INWO Österreich Mag. Bernhard Paster
Staudingergasse 11
A-1200 Wien
Telefon: +43 (0)2723-2876-13
Fax: +43 (0)2723-2876-19
E-Mail: frat-hifa-inwo@utanet.at
Internet: www.inwo.at

Eine kleine Auswahl von weiterführenden Links zum Thema:

www.geldreform.de
www.regionalgeld.de
www.stiftung-geld-boden.de
www.chiemgauer-regional.de
www.roland-regional.de
www.talent.ch
www.helmut-creutz.de
www.silvio-gesell.de
www.sozialoekonomie.info
www.der-regio.de
www.monetative.de
www.vollgeld.ch

weitere Titel von Fritz Schwarz im Synergia Verlag:

Autosuggestion die positive Kraft
58 S., kartoniert
ISBN: 978-3-940392-06-0

In den Zwanziger Jahren des 20. Jahrhunderts ging die Autosuggestion fast wie ein Lauffeuer um die Welt. Zu Coué kamen damals jährlich mehrere zehntausend Hilfesuchende aus aller Welt mit ihren großen Lebensproblemen. Er empfing sie mit den Worten: „Ich habe nie jemanden geheilt! Die Kraft, die Sie mir zuschreiben, müssen Sie bei sich selbst suchen." In seinen unentgeltlichen zweistündigen Sitzungen kehrte Coué das Welt-, das Selbst- und das Lebensbild seiner Besucher um. Wenn man ihn verließ, war man nicht nur geheilt oder gebessert, sondern man hatte vor allem verstanden, worum es im Leben geht und was man bisher falsch gemacht hatte. Wer bei Coué war, hatte erfahren, welche Macht der Mensch durch seines Geistes Kraft besitzt.

Der Christ und das Geld
52 S., kartoniert
ISBN: 978-3-940392-00-8

Diese Schrift bringt die Thematik des Zinses und des Geldes, nicht nur im Christentum, sondern allgemein in den Religionen näher. Anhand von Bibelzitaten, Zitaten aus dem Koran und anderen Schriften werden moralische, „christliche" Grundwerte vermittelt.
Niemand der sich wirklich als Christ versteht wird je unsozial handeln. Die Scheinheiligkeit in unserer Welt ist groß, in allen Religionen. Dieses Buch hilft, sich auf ethische Grundwerte im wirtschaftlichen Handeln zu besinnen.
Gerade in der heutigen Zeit, in der Konzerne oftmals jenseits aller ethischen Grundsätze unmenschlich agieren, sollte sich jeder der Auswirkungen seines wirtschaftlichen Handelns bewußt werden.
Vielleicht kann dieses Buch helfen manchem Manager oder Politiker, der im Herzen Christ ist, seine jeweilige Machtposition auch auf wirtschaftlicher Ebene sinnstiftend zu nutzen.
Jenen die bereits mit reinen Herzen handeln, sei es dieses Buch ein Denkmal moralischer Grundsätze im Umgang mit dem Tauschmittel Geld.

Synergia

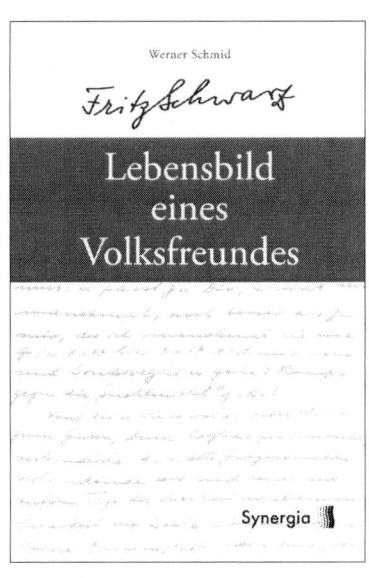

**Fritz Schwarz -
Lebensbild eines Volksfreundes**
Biografie
von Werner Schmid
172 S., m. Abb., gebunden
ISBN: 978-3-940392-14-5

Mit dem „Lebensbild eines Volksfreundes" zeichnet Werner Schmid die erstaunliche Biografie von Fritz Schwarz nach. Es ist die Geschichte eines Kämpfers, der sich zeitlebens für Wahrheit, Freiheit und Gerechtigkeit einsetzte. Trotz vieler Rückschläge in seinem Leben verlor er nie seine Menschlichkeit und seinen Humor. Als junger Lehrer und Familienvater gab er seine sichere Stelle auf, um sich voll in den Dienst der Sache zu stellen, die er als richtig erkannt hatte: Als bekanntester Vertreter der Freiwirtschaftslehre von Silvio Gesell kämpfte er in der Politik für ein gerechtes Bodenrecht und gegen das Zinssystem. Sein Einsatz für die feste Kaufkraft des Geldes trug ihm sogar einen zustimmenden Brief von Albert Einstein ein. In zahlreichen Vorträgen und Büchern, deren Klarheit noch heute besticht, untermauerte er seine Thesen. Einige sind heute selbstverständlich. Erinnerungen von Zeitgenossen und zahlreiche Anekdoten machen dieses Porträt eines aussergewöhnlichen Menschen zusätzlich zur fesselnden Lektüre.

Der schöne Band über Fritz Schwarz ist sehr leserfreundlich und doch informationsdicht, und er wird helfen, die Erinnerung an diese grosse Gestalt lebendig zu erhalten.
Peter von Matt 19.8.2008

„Was Fritz Schwarz in den 1930er Jahren erkannte, ist mittlerweile Allgemeingut in der historischen Forschung. Er hat als einer der ersten gesehen, wie ruinös eine falsche Geld- und Währungspolitik für die reale Wirtschaft sein kann."
Tobias Straumann, Wirtschaftshistoriker an der Universität Zürich

„Der Christ und das Geld" ist heute so aktuell wie vor 50 Jahren, weil sich seither in der Kirche wenig bewegt hat. Nach wie vor wird die Frage nach der sozialen Bindung des Geldes kaum debattiert.
Christoph Sigrist, Pfarrer am Grossmünster in Zürich

Ganz herzlich danke ich Ihnen für die Zusendung dieses engagierten Buches Ihres Vaters, das mir aus der Seele spricht; auch ich halte den Zins für einen Kernfehler unseres Wirtschafts- und Finanzsystems.
Eugen Drewermann in einem Brief an Ruth Binde, März 2009

Vorwärts zur festen Kaufkraft des Geldes und zur zinsbefreiten Wirtschaft
76 S., kartoniert
ISBN: 978-3-940392-01-5

Ein weiteres feines kleines Stück Wirtschaftsgeschichte, das uns viele Gedankenansätze für die heutige Zeit bietet. „Vorwärts" ist keinesfalls auch nur im Ansatz eine kommunistische Schrift, auch wenn bei manchen angesichts des Titels dieser Eindruck aufkommen könnte. Erklärungen über die Fysiokraten, die Freiwirtschaftler und deren Wirtschaften werden anhand von historischen Beispielen ausgeführt.

Der frische Stil von Fritz Schwarz ermuntert auch den thematisch unbedarften Leser zum Weiterlesen und hilft, auch trockene Themen mit einer gewissen Emotionalität zu vermitteln.
Mit einer Einführung von Erzbischof Fr. Kordac, Prag.

Morgan - der ungekrönte König der Welt
92 S., kartoniert
ISBN: 978-3-940392-07-7

Der Berner Freiwirtschafter Fritz Schwarz hat 1932 eine kleine Schrift verfasst: „Morgan - der ungekrönte König der Welt". Ein unscheinbares Büchlein, auf den ersten Blick harmlos wie ein SJW-Heft, auf den zweiten Blick Gegeninformation im besten Sinne. John Pierpont Morgan (1837-1913), kurz JP Morgan, der Gründer einer der heute weltweit wichtigsten Investmentbanken, war nicht nur ein steinreicher Geschäftsmann und Kunstsammler, sondern auch ein mit allen Wassern gewaschener Spekulant.
Er kaufte etwa vor dem amerikanischen Bürgerkrieg über Strohleute der Armee 5'000 ausgemusterte Karabiner ab und verkaufte sie bei Kriegsbeginn derselben Armee wieder zurück – zum sechsfachen Preis. Morgan sanierte insgesamt sechs der nationalen Eisenbahnlinien, aber daran gesundete nicht etwa das öffentliche Transportwesen in den USA, sondern nur er selber. Schließlich gehörte Morgan alles, die verbliebene Konkurrenz schlug er durch eine Kreditsperre der Banken aus dem Feld. Und noch während der Goldkrise spekulierte JP Morgan im großen Stil mit dem Edelmetall und verkaufte dem Staat das Gold gegen gesicherte Staatspapiere.

**Segen und Fluch des Geldes
in der Geschichte der Völker, Band 1
und Band 2**

ISBN: 978-3-940392-03-9 ISBN: 978-3-940392-04-6

Das Hauptwerk von Fritz Schwarz über die Geschichte des Geldes.
Aus der Geschichte können wir lernen, dass der Aufstieg von Hochkulturen meist unmittelbar mit der Benutzung von Zahlungsmitteln zusammenhängt. So resultiert auch der Niedergang einer Kultur meist aus Fehlentwicklungen bei der Geld-Benutzung. Geld sollte ein Tauschmittel sein, es kann nicht "arbeiten" und Zinserträge bringen, ohne dass dies nachhaltig schädigende Auswirkungen auf die Volkswirtschaft hat.

In Zeiten der Globalisierung haben wir eine Weltwirtschaft, die die Auswirkungen von Fehlentwicklungen auf dem Finanzmarkt auch global spürbar werden lässt. Heute sind nicht nur einzelne Volkswirtschaften bedroht, sondern die Weltwirtschaft droht zusammenzubrechen und die Menschheit als solche ist in Ihrer Hochkultur bedroht.
Eine Rückkehr zur Tauschwirtschaft ist kein Ausweg - auch das wird in dem vorliegenden Buch klar. Der Zins ist nicht die Wurzel allen, aber dennoch vielen Übels. Hypotheken und die Tatsache des Bodeneigentums spielen eine wichtige Rolle.
Lernen Sie mithilfe dieses Buches die Zusammenhänge zwischen Finanzwirtschaft, Zinsen, Hypotheken sowie Kapital- und Warenströmen mit der Volkswirtschaft verstehen.

Die Geschichte der Finanzen ist immer noch ein vernachlässigtes Feld. Welcher Historiker interessiert sich schon für die Entstehung von Banken oder Obligationenmärkten? Dabei ist diese Entwicklung genauso wichtig wie die politische, militärische oder soziale Geschichte, gerade heute.
Niall Ferguson in der Sonntagszeitung, Zürich 22.2.2009

Fritz Schwarz bleibt unvergessen: Sein Werk lebt und hilft mir zu denken und zu kämpfen.
Jean Ziegler